Lektürewortschatz zu Never Let Me Go

von Lisa Stephan

Ernst Klett Sprachen
Stuttgart

1. Auflage   1 ⁶ ⁵ ⁴ ³ ² | 2023 22 21 20 19

Alle Drucke dieser Auflage sind unverändert und können im Unterricht
nebeneinander verwendet werden.
Die letzte Zahl bezeichnet das Jahr des Druckes. Das Werk und seine Teile
sind urheberrechtlich geschützt. Jede Nutzung in anderen als den gesetz-
lich zugelassenen Fällen bedarf der vorherigen schriftlichen Einwilligung
des Verlags.

Autorin: Lisa Stephan
Redaktion: Paul Newcomb, Felicia Stich
Layoutkonzeption: Maja Merz
Gestaltung und Satz: Datagroup Int, Timişoara
Umschlaggestaltung: Sabine Kaufmann
Titelbild: shutterstock (Marcin Ciesielski/Sylwia), New York, NY
Druck und Bindung: Salzland Druck, Staßfurt

Printed in Germany

ISBN 978-3-12-579906-6

Inhaltsverzeichnis

Liebe Leserinnen und Leser,

der vorliegende **Lektürewortschatz zu Never Let Me Go**, thematisch in sechs Kapitel unterteilt, bietet Ihnen ein unerlässliches Hilfsmittel für die mündliche und schriftliche Auseinandersetzung mit dem Roman. Mithilfe der überschaubaren, sinnvoll zusammengestellten Lernportionen erweitern Sie Ihren Wortschatz um verlässliches Vokabular zu allen wichtigen Themen und Motiven des Romans. Mit dem Lektürewortschatz sind Sie somit bestens ausgerüstet, *Never Let Me Go* im Unterricht zu erarbeiten.

Viel Erfolg und Freude bei der Lektüre wünscht Ihnen
Die Redaktion Englisch, Ernst Klett Sprachen GmbH

Übersicht über die verwendeten Symbole und Abkürzungen

adj	adjective	Adjektiv
adv	adverb	Adverb
AE	American English	amerikanisches Englisch
BE	British English	britisches Englisch
conj	conjunction	Konjunktion
derog	derogatory	abwertend
esp	especially	besonders
etw		etwas
FF	false friend	falscher Freund
form	formal	formell
inform	informal	umgangssprachlich
jdn, jdm, jds		jemanden, jemandem, jemandes
n	noun	Nomen, Substantiv
old	old-fashioned	altmodisch
pl	plural	Plural
prep	preposition	Präposition
sb	somebody	(irgend)jemand
sing	singular	Singular
sth	something	etwas
uncount	uncountable (noun)	nicht zählbar(es Nomen)

v	verb	Verb
=	synonym	Synonym
≠	antonym	Antonym
▸	words in the same word family	Hinweis auf Wörter der gleichen Familie

Lektürewortschatz zu *Never Let Me Go* auf einen Blick

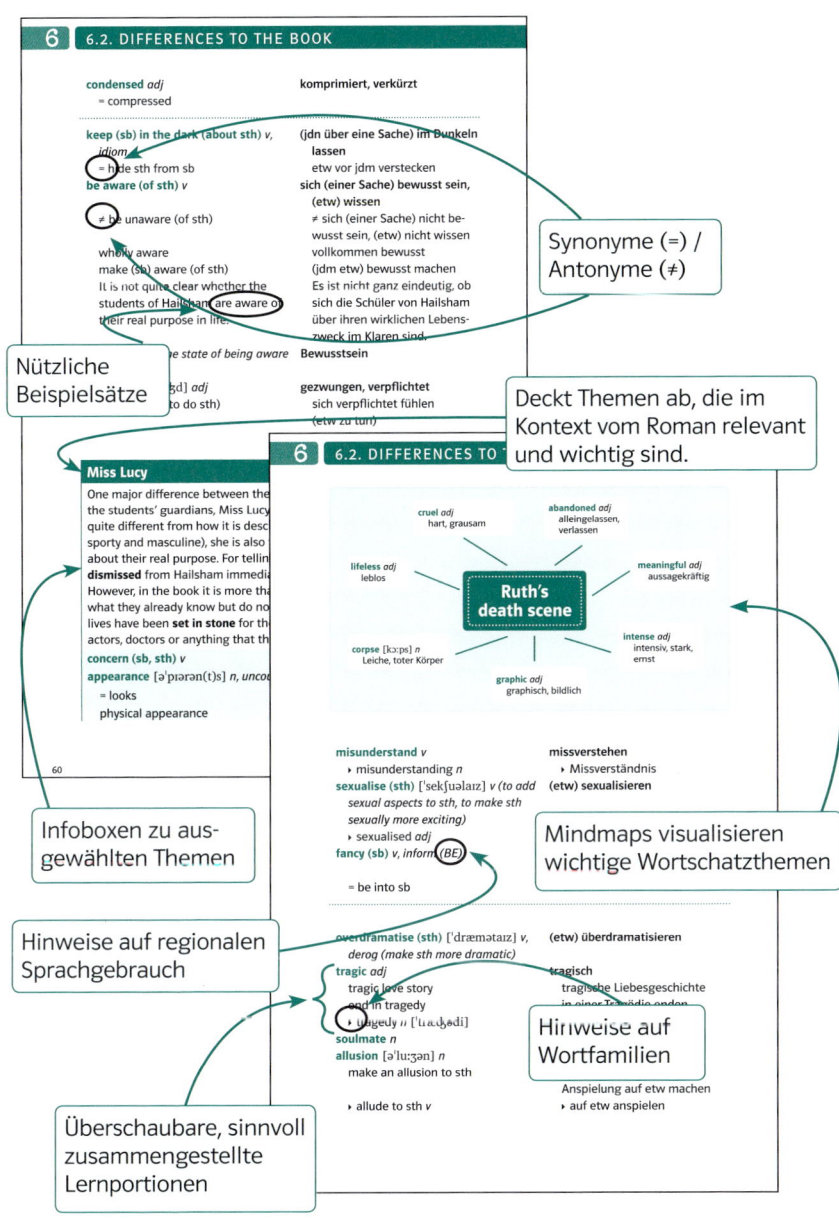

6 | **6.2. DIFFERENCES TO THE BOOK**

condensed *adj* — komprimiert, verkürzt
= compressed

keep (sb) in the dark (about sth) *v, idiom* — (jdn über eine Sache) im Dunkeln lassen
= hide sth from sb — etw vor jdm verstecken
be aware (of sth) *v* — sich (einer Sache) bewusst sein, (etw) wissen
≠ be unaware (of sth) — ≠ sich (einer Sache) nicht bewusst sein, (etw) nicht wissen
wholly aware — vollkommen bewusst
make (sb) aware (of sth) — (jdm etw) bewusst machen
It is not quite clear whether the students of Hailsham are aware of their real purpose in life. — Es ist nicht ganz eindeutig, ob sich die Schüler von Hailsham über ihren wirklichen Lebenszweck im Klaren sind.
the state of being aware — Bewusstsein

...gd] *adj* — gezwungen, verpflichtet
...to do sth) — sich verpflichtet fühlen
(etw zu tun)

Miss Lucy

One major difference between the the students' guardians, Miss Lucy quite different from how it is desc sporty and masculine), she is also about their real purpose. For tellin **dismissed** from Hailsham immedia However, in the book it is more tha what they already know but do no lives have been **set in stone** for th actors, doctors or anything that th **concern (sb, sth)** *v*
appearance [əˈpɪərən(t)s] *n, uncou
= looks
physical appearance

60

6 | **6.2. DIFFERENCES TO**

Mindmap: **Ruth's death scene**
- **cruel** *adj* — hart, grausam
- **abandoned** *adj* — alleingelassen, verlassen
- **lifeless** *adj* — leblos
- **meaningful** *adj* — aussagekräftig
- **corpse** [kɔːps] *n* — Leiche, toter Körper
- **intense** *adj* — intensiv, stark, ernst
- **graphic** *adj* — graphisch, bildlich

misunderstand *v* — missverstehen
‣ misunderstanding *n* — ‣ Missverständnis
sexualise (sth) [ˈsekʃuəlaɪz] *v (to add sexual aspects to sth, to make sth sexually more exciting)* — (etw) sexualisieren
‣ sexualised *adj*
fancy (sb) *v, inform* (BE)
= be into sb

overdramatise (sth) [ˈdræmətaɪz] *v, derog (make sth more dramatic)* — (etw) überdramatisieren
tragic *adj* — tragisch
tragic love story — tragische Liebesgeschichte
end in tragedy — in einer Tragödie enden
‣ tragedy *n* [ˈtrædʒədi]
soulmate *n*
allusion [əˈluːʒən] *n*
make an allusion to sth — Anspielung auf etw machen
‣ allude to sth *v* — ‣ auf etw anspielen

7

Annotation callouts:

- Synonyme (=) / Antonyme (≠)
- Nützliche Beispielsätze
- Deckt Themen ab, die im Kontext vom Roman relevant und wichtig sind.
- Infoboxen zu ausgewählten Themen
- Mindmaps visualisieren wichtige Wortschatzthemen
- Hinweise auf regionalen Sprachgebrauch
- Hinweise auf Wortfamilien
- Überschaubare, sinnvoll zusammengestellte Lernportionen

1.1. Hailsham

student *n*
  In the book, the clones are called 'students'.
pupil *n, old*
  = young student
  primary school pupil
orphanage [ˈɔːfənɪʤ] *n*
  ‣ orphan *n*
boarding school [ˈbɔːdɪŋ ˌskuːl] *n*
  Hailsham is a **co-educational boarding school**.

guardian *n*
headmaster, headmistress *n*
  = head teacher
(morning) assembly [əˈsembli] *n*
  In many British schools, a **morning assembly is held** before lessons start.

Schüler(in)
  Im Buch werden die Klone ‚Schüler' genannt.
Schüler(in)

  Grundschüler(in)
Waisenhaus
  ‣ Waise, Waisenkind
Internat
  Hailsham ist ein Internat mit sowohl Schülern als auch Schülerinnen.
Wächter, Hüter; *auch:* **Vormund**
Schulleiter(in)

(morgendliche) Versammlung
  In vielen britischen Schulen wird eine morgendliche Versammlung abgehalten, bevor der Unterricht beginnt.

School life in Britain

The **educational system** in Great Britain is not so different from the one in Germany. Most students go to a so-called *state school*, which is **managed** by local **authorities** and is free to all students. But there are some, about 5% of the population, who **attend** *private schools*, for which an **annual payment** has to be **made**. These include most *boarding schools*, where the students not only go to class, but also sleep and live during the **terms**. Hailsham is modelled on a typical British private boarding school. Many of these are situated in the **country**, away from busy towns.

educational system *n*	Bildungssystem, Schulsystem
manage (sth) *n*	*hier:* (etw) verwalten
authority [ɔːˈθɒrəti] *n*	**Behörde**
attend (sth) *v*	**(etw) besuchen**
= go to school	
attend school	zur Schule gehen

make a payment *v, form (= to pay for sth)*	**eine Zahlung tätigen, leisten**
annual [ˈænjuəl] *adj*	**jährlich, Jahres-**
term *n (period during which classes are held)*	**Semester, Trimester**
country [ˈkʌntri] *n*	**Land, Landschaft**
town and country	Stadt und Land

estate *n* — hier: **Anwesen, Grundstück**
enclosed *adj (surrounded by a fence)* — **eingezäunt**
  = fenced in
surroundings *n, pl* — **Umgebung**
  = surrounding area
garden *n* — **Garten**
  vegetable garden — Gemüsegarten, -beet
wood *n* — **Wald**
  in the woods *pl* — im Wald
  edge of the woods — Waldrand
sports field *n* — **Sportplatz, Sportgelände**
sports pavilion [pəˈvɪljən] *n (building next to a sports field which is used for changing, showering and eating)* — **Sportpavillon, Klubhaus**

creativity *n* — **Kreativität**
importance [ɪmˈpɔːtən(t)s] *n* — **Wichtigkeit, Bedeutung**
  = significance [sɪgˈnɪfɪkən(t)s]
  of great importance — von entscheidender Bedeutung
  of paramount importance — zentraler Bedeutung
art *n* — **Kunst**
  to produce art — Kunst erschaffen, produzieren
  work of art — Kunstwerk
  ▸ artistic *adj* — ▸ künstlerisch
value (sth) *v* — **(etw) wertschätzen, als wichtig ansehen**

  At Hailsham, creativity is **valued above everything else**. — In Hailsham ist Kreativität wichtiger als alles andere.
encourage (sb to do sth) [ɪnˈkʌrɪdʒ] *v* — **(jdn dazu) ermutigen (etw zu tun)**
  = embolden sb [ɪmˈbəʊldən]

exhibition [ˌeksɪˈbɪʃən] *n* — Ausstellung
  ▸ exhibit sth *v* — ▸ etw ausstellen
exchange *n, formal* — Austausch
  = swap [swɒp] *inform*
  ▸ exchange sth *v* — ▸ etw austauschen
sale *n* — Verkauf
  jumble sale — Flohmarkt
  for sale — zu verkaufen
token *n (money substitute)* — Chip *(Geldersatz)*
  The 'token controversy' was about claiming payment for artwork that was taken by Madame. — Bei der ,Tokenkontroverse' ging es um eine Entschädigung für Kunstwerke, die von Madame mitgenommen wurden.
belongings *n, pl* — Habseligkeiten, Besitz
  personal belongings — persönliche Sachen

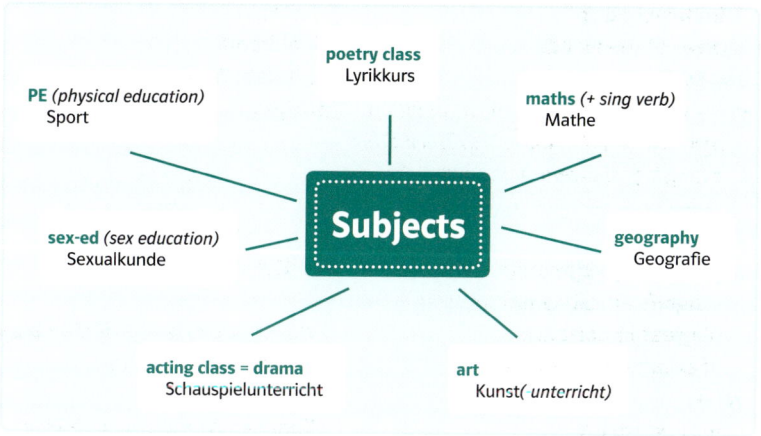

PE *(physical education)* — Sport
poetry class — Lyrikkurs
maths *(+ sing verb)* — Mathe
sex-ed *(sex education)* — Sexualkunde
Subjects
geography — Geografie
acting class = drama — Schauspielunterricht
art — Kunst(unterricht)

hardly *adv* — kaum
  = barely
privacy [ˈprɪvəsi] *n* — Privatsphäre, Intimsphäre
  respect sb's privacy — jds Privatsphäre respektieren
  intrude on sb's privacy — in jds Privatsphäre eindringen
  ▸ private *adj* — ▸ privat
upbringing *n* — (familiäre) Erziehung
  ▸ bring sb up *v* — ▸ jdn aufziehen, großziehen

education *n, uncount*
   ▸ educate sb *v*
Hailsham gives its students a very
creative and artistic education.

Bildung, (schulische) Erziehung
   ▸ jdn unterrichten, erziehen
Hailsham bietet seinen
Schülern und Schülerinnen
eine sehr kreative und
künstlerische Erziehung.

privileged ['prɪvəlɪdʒd] *adj*
be cut off (from sth, sb) *v*

The students at Hailsham are almost
entirely **cut off from the outside
world**.

privilegiert
**(von etw, jdm) abgeschottet,
isoliert sein**
Die Schüler in Hailsham sind
fast komplett von der Außen-
welt abgeschottet.

....

examination [ɪgˌzæmɪˈneɪʃən] *n*
   = medical check-up
   routine examination
   ▸ examine sb *v*
healthy *adj*
   ≠ sick, ill
   stay healthy
crucial [ˈkruːʃəl] *adj*
   The students are told that it is
   crucial for them to stay healthy.

Untersuchung

   Routineuntersuchung
   ▸ jdn untersuchen
gesund
   ≠ krank, angeschlagen
   gesund bleiben
äußerst wichtig
   Den Schülern wird gesagt, dass
   es äußerst wichtig für sie ist,
   gesund zu bleiben.

policy [ˈpɒləsi] *n*
   Hailsham has a **strict policy** on
   smoking.

Politik, Grundsatz, Programm
   Hailsham vertritt eine strenge
   Politik bezüglich des Rauchens.

....

be allowed (to do sth) *v*
catch (sb doing sth) *v*
taboo *n*
   break a taboo
   taboo subject
permission *n*
   have (sb's) permission
   ask (sb's) permission
   be permitted (to do sth)

(etw tun) dürfen
(jdn bei etw) erwischen
Tabu
   ein Tabu brechen
   Tabuthema
Erlaubnis
   (jds) Erlaubnis haben
   um (jds) Erlaubnis bitten
   (etw tun) dürfen

otherwise *adv*

The students at Hailsham are not allowed to smoke, otherwise they will be punished.

scold (sb) [skəʊld] *v, formal*

= tell sb off

punishment *n*

≠ reward

corporal punishment

▸ punish (sb) *v*

detention *n*

put (sb) in detention

sonst, ansonsten

Die Schüler in Hailsham dürfen nicht rauchen, sonst werden sie bestraft.

(jdn) ausschimpfen, tadeln

Bestrafung, Strafe

≠ Belohnung

körperliche Züchtigung

▸ (jdn) bestrafen

Nachsitzen

(jdn) nachsitzen lassen

---

chapter in one's life *n*

birth *n*

from birth

give birth (to sb)

infancy [ˈɪnfən(t)si] *n*

▸ infant *n*

childhood *n*

sheltered childhood [ˈʃəltəd]

childhood friend

adolescence [ˌædəˈlesən(t)s] *n*

= puberty

▸ adolescent *n, adj*

adulthood [ˈædʌlthʊd] *n*

reach adulthood

▸ adult *n, adj*

old age *n*

in your old age

twilight years *n*

She always wanted **to spend her twilight years** in Spain by the sea.

Lebensabschnitt

Geburt

von Geburt an

(jdn) zur Welt bringen

frühes Kindesalter

▸ Baby, Kleinkind

Kindheit

behütete Kindheit

Jugenfreund, Sandkasten-freund

Jugend, Pubertät

▸ Jugendliche(r), jugendlich

Erwachsenenalter

erwachsen werden

▸ Erwachsene(r), erwachsen

Alter

im Alter

Lebensabend

Sie wollte ihren Lebensabend schon immer an der spanischen Küste verbringen.

The purpose of Hailsham

Towards the end of the book, Miss Emily **clears up** the mysteries surrounding Hailsham, Madame and the Gallery. She explains that Hailsham, **along with** a couple of other institutions, was founded **in order to** find out whether a **clone** has a **soul**. Students' ability to produce art was seen as a test of this.

towards the end (of sth) *adv*	**gegen Ende (von etw)**
clear (sth) up *v*	**(etw) (auf)klären**
= explain	
= clarify	
along with sb, sth *adv*	**zusammen mit, neben jdm, etw**
in order to (do sth) *conj*	**um etw zu (tun), mit dem Zweck (etw zu tun)**
clone [kləʊn] *n*	**Klon**
soul [səʊl] *n*	**Seele**

1.2. The Cottages

ruins *n, pl*	**Ruinen**
ruined building	verlassenes Gebäude
▸ ruined	▸ hier: verlassen
abandoned [əˈbændənd] *adj*	**verlassen, leer stehend**
farm(stead) *n*	**Farm, Gehöft**
barn *n*	**Scheune, Stall**
stables [ˈsteɪblz] *n, pl*	**Stallung, (Pferde-)Stall**
meadow [ˈmedəʊ] *n*	**Wiese, Weide**

home *n*	**Haus, Zuhause**
at home	zu Hause
parental home [pəˈrentəl]	Elternhaus
temporary home	vorübergehendes Zuhause
After they leave Hailsham, the Cottages become their new home.	Als sie Hailsham verlassen haben, werden die Cottages zu ihrem neuen Zuhause.
accommodation [əˌkɒməˈdeɪʃən] *n*	**Unterkunft, Behausung**
= dwelling *form*	
damp *adj*	**feucht, klamm**

run-down *adj, derog*
　　verwahrlost, heruntergekommen, schmuddelig

　= dilapidated [dɪˈlæpɪdeɪtɪd]
isolated *adj*
　　abgeschieden, abseits gelegen
confines [ˈkɒnfaɪnz] *n (pl)*
　　Grenzen
　= border
　= boundary [ˈbaʊndəri]
　Students must stay **within the confines of** the Cottages grounds.
　　Schüler und Schülerinnen müssen innerhalb der Grenzen vom Gründstück der Cottages bleiben.

cosy *adj*
　　gemütlich, behaglich
　The Cottages were neither cosy nor properly heated.
　　Die Cottages waren weder gemütlich noch richtig beheizt.

....

arrival *n*
　　Ankunft
　≠ departure
　　≠ Abreise, Abschied
　▸ new arrival *n (sb who arrives)*
　　▸ Ankommende(r)
veteran [ˈvetərən] *n*
　　Veteran, *auch:* alter Hase *(informell)*

former *adj*
　　ehemalige,-r,-s
　former friend
　　ehemaliger Freund
　He's a former Hailsham student.
　　Er ist ein ehemaliger Hailsham-Schüler.

experienced [ɪkˈspɪəriən(t)st] *adj*
　　erfahren
　▸ experience *n*
　　▸ Erfahrung
copy (sth from sb) *v*
　　(jdm etw) nachmachen
mannerism [ˈmænərɪzəm] *n*
　　Eigenart
　adopt sb's mannerism
　　jds Eigenart übernehmen
curious *adj*
　　neugierig
　▸ curiosity *n*
　　▸ Neugier

....

personal space *n*
　　persönlicher Freiraum
　At the Cottages, the students have a little bit more personal space as they all have rooms of their own.
　　In den Cottages haben die Schüler ein bisschen mehr Freiraum, da jeder sein eigenes Zimmer hat.

independent (from) *adj*
  ≠ dependent
  ▸ independence *n*
take care of oneself *v*
  = look after oneself
get used to (sth) *v*
  = accustom oneself to sth
  [əˈkʌstəm]
  It might take a while, but **you'll soon get used to it**.

settle in (to sth) *v*
dull *adj*
  = boring

unabhängig (von)
  ≠ abhängig
  ▸ Unabhängigkeit
sich selbst versorgen

sich an (etw) gewöhnen

Vielleicht dauert es eine Weile, aber du wirst dich schnell daran gewöhnen.
sich einleben (in etw)
eintönig, langweilig

1.3. Becoming carers and donors

take care of (sb) *v*
  Kathy's work as a carer involves taking care of the clones both physically and emotionally.

carer *n*
  ▸ care for sb *v*
  Most of the cloned people **work as carers** before they start to donate organs themselves.
donor [ˈdəʊnəʳ] *n*
hospital *n*
whitecoat *n (used in the novel as a term for doctors and nurses)*
health *n*
  (in) fragile health [ˈfrædʒaɪl]
  (in) the best of health
  (in) good health
'complete' *v*
  In the context of the novel, to 'complete' means 'to die', or even 'to be murdered'.

pflegen, für (jdn) sorgen
  Als ‚carer' muss Kathy die Klone zwar pflegen, aber sie muss auch für ihre emotionalen Bedürfnisse sorgen.
Betreuer(in)
  ▸ sich um jdn kümmern
  Die meisten Klone arbeiten als Betreuer, bevor sie selbst anfangen Organe zu spenden.
Spender(in)
Krankenhaus
Arztkittel

Gesundheit
  labil
  bei bester Gesundheit
  bei guter Gesundheit
hier: sterben
  Im Roman heißt das Verb ‚to complete' ‚sterben'; vielleicht sogar ‚ermordert werden'.

recovery *n* — Genesung, Erholung
  recovery centre — Genesungszentrum, Erholungs-
    zentrum

  make a quick, slow recovery — sich schnell, langsam erholen
  recovery time — Genesungszeit
  ▸ recover (from) *v* — ▸ sich erholen (von)
state *n* — **Zustand, (körperliche) Verfassung**
  state of health — gesundheitlicher Zustand
condition *n* — **Zustand**
  sanitary conditions *pl* — hygienische Zustände

- - -

comfort (sb) [ˈkʌm(p)fət] *v* — **(jdn) trösten, (jdm) Trost spenden**
soothe (sb) [suːð] *v* — **(jdn) beruhigen**
  = calm sb down
  ▸ soothing *adj* — ▸ beruhigend, besänftigend
company [ˈkʌmpəni] *n* — **Gesellschaft**
  keep sb company — jdm Gesellschaft leisten
  be in good company — in guter Gesellschaft sein
accompany (sb) *v* — **(jdn) begleiten**
leave sb (to him-, herself) *v* — **jdn in Ruhe lassen, jdm seine, ihre Ruhe lassen**

die *v* — **sterben**
  = perish *form*
  die at a young age — jung sterben
  die a lonely death — einsam sterben
  die a natural death — eines natürlichen Todes sterben

sooner or later *adv, idiom* — **früher oder später**

- - -

bedsit *n, BE (short for bed sitting room)* — **Einzimmerappartement**
  = one-room flat
wage [weɪʤ] *n (payment for work)* — **Lohn, Bezahlung**
  = pay*ment*
get paid (for sth) *v* — **(für etw) bezahlt werden**
  It is not mentioned whether Kathy gets paid for her work as a carer or not. — Es wird nicht erwähnt, ob Kathy für ihre Arbeit als Betreuerin bezahlt wird.
working hours *n* — **Arbeitszeit**

have time off v
= have a day/week/month off

    frei haben
    einen Tag/eine Woche/
    einen Monat frei haben

pick (sb, sth) v

    (jdn, etw) aussuchen

commute (from A to B) [kəˈmjuːt] v
    (travel back and forth between
    two places, esp for work)

    (von A nach B) pendeln

- -

everyday life n

    Alltag

monotonous [məˈnɒtənəs] *adj, formal*
= tedious [ˈtiːdiəs]
= boring
≠ lively [ˈlaɪvli]
monotonous life

    eintönig, monoton

    ≠ rege, lebhaft
    eintöniges Leben

miserable *adj*
= wretched [ˈretʃɪd]
= bleak

    trostlos, deprimierend

loneliness *n, uncount*
‣ lonely *adj*

    Einsamkeit
    ‣ einsam

solitude *n*
in solitude

    Alleinsein, Einsamkeit
    allein

- -

exhausted *v*
= worn out
mentally exhausted

    erschöpft

    geistig ausgelaugt

mark *n*
Life **has left its marks** on Kathy.

    Spur
    Das Leben hat seine Spuren
    bei Kathy hinterlassen.

be scarred (by sth) *v*
‣ scar *n*

    (von etw) gezeichnet sein
    ‣ Narbe

resentful [rɪˈzentfəl] *adj*
= bitter

    verbittert

- -

dare (to do sth) *v* — **wagen (etw zu tun)**

hope (for sth) *v* — **(auf etw) hoffen, (etw) erhoffen**

decent [ˈdiːsənt] *adj* — **anständig, ordentlich,** *auch:* **richtig**

Some of the students secretly dream of **a decent life**. — Einige der Schüler träumen heimlich von einem richtigen Leben.

set (sth) out (for sb) *v* — **(jdm etw) einrichten, vorgeben**

= map sth out

Their whole lives have been set out for them. — Ihr gesamtes Leben wurde ihnen vorgegeben.

despair *v* — **verzweifeln**

despair of ever doing sth — die Hoffnung auf etw aufgeben

‣ desperate *adj* [ˈdespərət] — ‣ verzweifelt

‣ despair *n* — ‣ Verzweiflung

conform (to sth) *v* — **sich (etw) anpassen**

‣ conformity *n* — ‣ hier: Anpassung

In the end, they **conform to the expectations** of society. — Letztendlich passen sie sich den Erwartungen der Gesellschaft an.

realise (sth) *v* — *hier:* **(etw) in die Tat umsetzen**

- -

plead [pliːd] *v* — **bitten, flehen**

= beg

‣ plea [pliː] *n* — ‣ Bitte

attempt [əˈtem(p)t] *n* — **Versuch**

= try

make an attempt — einen Versuch machen

‣ attempt sth *v* — ‣ etw versuchen

avoid (sth) [əˈvɔɪd] *v* — **(etw) vermeiden, umgehen**

futile [ˈfjuːtaɪl] *adj* — **sinnlos, zwecklos**

futile attempt — vergeblicher Versuch

as a last resort *adv, idiom* — **als letzten Ausweg**

in vain *adv* — **vergeblich, umsonst**

try in vain — vergeblich versuchen

"Deferrals": Kathy and Tommy

At one point in the book, it is **rumoured** that a couple that was truly in love could **defer** their first donations so that they could have some time for themselves. In order to prove that they were **actually** in love, the couple would have to **present** their artwork to Madame, who would then **judge**, **on the basis of** that, whether they "had souls", and thus whether it was possible that they could be in love at all. However, **after much to-ing and fro-ing**, the mystery is **resolved**, it is decided they have no souls, and Kathy and Tommy's **hopes are crushed**.

rumour [ˈruːməʳ], *idiom*	Gerücht
It is rumoured that ...	Es geht das Gerücht um, dass ... , ; Man munkelt, dass ...
defer (sth) [dɪˈfɜːʳ] *v*	(etw) verschieben, aufschieben
= delay	
= postpone [pəʊs(t)ˈpəʊn]	
▸ deferral *n*	▸ Aufschub
actually [ˈæktʃuəli] *adv*	tatsächlich, in der Tat
	FF: ≠ aktuell
present (sb with sth) [prɪˈzent] *v*	(jdm etw) vorlegen
judge (sb, sth) *v*	(jdn, etw) beurteilen
on the basis of *prep*	auf der Grundlage von
to-ing and fro-ing [ˈtuːɪŋ.ænd.ˌfrəʊɪŋ] *adv, idiom*	Hin und Her
After much to-ing and fro-ing, Kathy and Tommy decide that the best thing to do is to confront Madame.	Nach viel Hin und Her entschieden sich Kathy and Tommy dafür, Madame mit der Sache zu konfrontieren.
(re)solve (sth) *v*	(etw) (auf)lösen, klären
crush sb's hopes *v*	jds Hoffnungen zerschlagen, zerstören
= dash one's hopes	

accept (sth) *v*	(etw) hinnehmen, akzeptieren
▸ acceptance *n (uncount)*	▸ Akzeptanz, Hinnahme
fate *n*	Schicksal
= destiny [ˈdestɪni]	
irony of fate	Ironie des Schicksals
suffer a cruel fate	ein hartes Schicksal erleiden

inevitable [ɪˈnevɪtəbl̩] *adj*   unausweichlich, unvermeidlich
   = unavoidable
   accept the inevitable   sich seinem Schicksal fügen
put up with sth *v*   **sich mit etw abfinden**
   = resign oneself to sth

....

put (sth) behind oneself *v*   **(etw) hinter sich lassen**
   = free oneself from sth
be supposed to (do sth) *v*   **(etw tun) sollen**
condemn (sb to sth) [kənˈdem] *v*   **(jdn zu etw) verurteilen,**
                        verdammen
   = damn sb to sth
   They are **condemned to having a**   Sie sind dazu verurteilt, ein
   short life and to die at a young age.   kurzes Leben zu führen und
                        jung zu sterben.

way out *n*   **Ausweg, Lösung**
   = solution
escape (from sb, sth) *v*   **(jdm, etw) entkommen**
   = elude [ɪˈluːd]
   ‣ escape *n*   ‣ Flucht, Entkommen
trapped (in sth) *v*   **(in etw) gefangen**

2.1 General terms

characterise [ˈkærəktəraɪz] *v*   charakterisieren, beschreiben
   ‣ characterisation *n*   ‣ Charakterisierung, Personen-
   [ˌkærəktəraɪˈzeɪʃˀn]   beschreibung
   He characterised her in a few well   Er beschrieb sie in wenigen,
   chosen words.   wohl gewählten Worten.
character [ˈkærəktəʳ] *n*   **Figur, Person, Rolle** *(in Erzählun-*
                      gen bzw. Dramen)
   main character   Hauptperson
   minor character   Nebenfigur
   character development   Charakterentwicklung
protagonist [prəˈtægˀnɪst] *n*   **Hauptfigur**
   ≠ antagonist   ≠ Gegenspieler(in)
narrative perspective   **Erzählperspektive**
   [ˌnærətɪv.pəˈspektɪv] *n*
   = narrative point of view

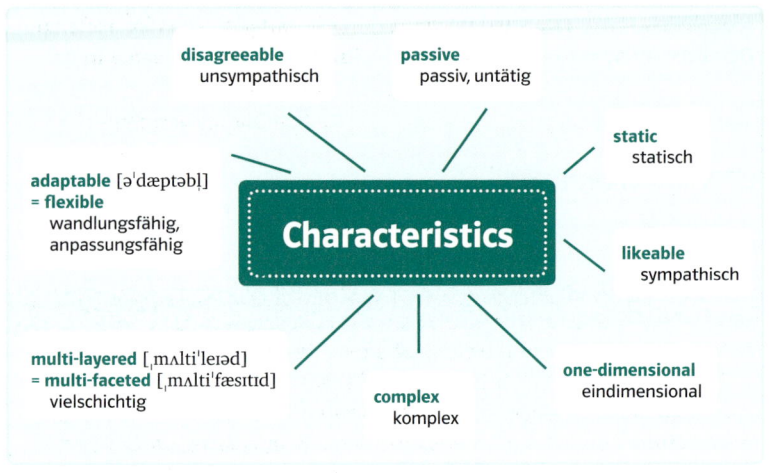

outward *adj*	**äußerlich, außen**
outward appearance	äußerliche Erscheinung
resemblance [rɪˈzemblən(t)s] *n*	**Ähnlichkeit**
uncanny resemblance	unheimliche Ähnlichkeit
bear a resemblance (to sb, sth)	Ähnlichkeit (mit jdm, etw) haben
▸ resemble (sb, sth) *v* [rɪˈzembl̩]	▸ (jdm, etw) ähneln, ähnlich sehen
alike *adv*	**ähnlich, gleich**
look alike *v*	sich ähnlich sehen
look-alike *n*	Doppelgänger(in)
remind (sb of sth) *v*	**(jdn an etw) erinnern**
He **reminds me of an old friend** of mine.	Er erinnert mich an einen alten Freund.

trait [treɪt] *n*	**Eigenschaft**
= feature	Merkmal
personality trait	Persönlichkeitsmerkmal
character trait	Charakterzug
habit [ˈhæbɪt] *n*	**(An-)Gewohnheit**
force of habit	Macht der Gewohnheit
out of habit	aus Gewohnheit

identify (with sb, sth) [aɪˈdentɪfaɪ] *v*	sich (mit jdm, etw) identifizieren
empathise (with sb) [ˈempəθaɪz] *v*	sich (in jdn) einfühlen, hinein-versetzen
‣ empathy *n*	‣ Einfühlungsvermögen

2.2 Main characters

2.2.1. Kathy

> **Kathy**
>
> Kathy is the **narrator** of the story. She tells the reader about her life as a clone. Together with her two closest friends, Ruth and Tommy, she has **grown up** at Hailsham, a special **institution** which examines clones and their **nature**, before their organs are later, one by one, **explanted** and used, harvested for use in other people (their clones), until they die. Kathy is a rather **quiet** and **introverted** person and **does a great job** as a carer because of her **kindness** and **patience**.

narrator *n*	Erzähler
first-person narrator	Ich-Erzähler
omniscient narrator	allwissender Erzähler
‣ narration *n*	‣ Erzählung
grow up *v*	**aufwachsen**
institution [ˌɪn(t)stɪˈtjuːʃən] *n*	**Einrichtung, Institution,** *auch:* **Heim**
nature *n*	*hier:* **Wesen, Beschaffenheit**
explant *v*	**explantieren**
quiet *adj*	**still, schweigsam**
= calm [kɑːm]	
≠ talkative	≠ gesprächig, redselig
introverted [ˌɪntrə(ʊ)ˈvɜːtɪd] *adj*	**introvertiert**
≠ extroverted [ˈekstrəˌvɜːtɪd]	≠ extrovertiert
‣ introvert *n*	‣ introvertierter Mensch
do a *(great)* **job** *v*	**einen (guten) Job machen, seine Sache gut machen**
kindness *n*	**Sanftheit, Güte**
patience [ˈpeɪʃən(t)s] *n*	**Geduld**

remember (sth) v	**sich (an etw) erinnern**
= recall sth	
remember sth vividly	sich lebhaft an etw erinnern
reminisce [ˌremɪˈnɪs] v, *form*	**in Erinnerungen schwelgen**
reminisce about sb, sth	von jdm, etw erzählen
flashback n	**Flashback, Rückblick**
have a flashback of sth	sich an etw erinnern
recount (sth) v	**(etw ausführlich) erzählen**
remind (sb) v	**(jdn) erinnern**
That **reminds me of** my first day at school.	Das erinnert mich an meinen ersten Schultag.
look back (on sth) v	**(auf etw) zurückblicken**
look back on one's life	auf sein Leben zurückblicken

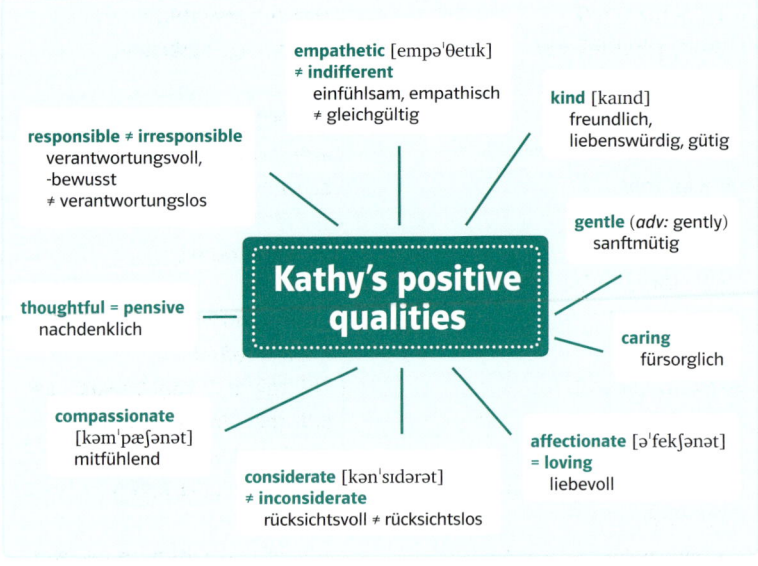

empathetic [empəˈθetɪk]
≠ indifferent
einfühlsam, empathisch
≠ gleichgültig

kind [kaɪnd]
freundlich,
liebenswürdig, gütig

responsible ≠ irresponsible
verantwortungsvoll,
-bewusst
≠ verantwortungslos

gentle (*adv:* gently)
sanftmütig

Kathy's positive qualities

thoughtful = pensive
nachdenklich

caring
fürsorglich

compassionate
[kəmˈpæʃənət]
mitfühlend

affectionate [əˈfekʃənət]
= loving
liebevoll

considerate [kənˈsɪdərət]
≠ inconsiderate
rücksichtsvoll ≠ rücksichtslos

complicated *adj*	**kompliziert, komplex**
= complex [ˈkɒmpleks]	
rather *adv*	**eher,** *auch:* **ziemlich**
reserved *adj*	**zurückhaltend, reserviert**
≠ blunt	≠ direkt, schroff

strive (for sth) [straɪv] *v*	(nach etw) streben, (etw) anstreben
= aim for sth	
please (sb) *v*	(jdm) eine Freude machen

2.2.2. Ruth

Ruth

Ruth's character changes **considerably** over the years. **Initially**, during her time at Hailsham, she is described as being rather **bossy** and **attention-seeking**. She sometimes **fibs** about her skills; perhaps this is because she enjoys being **the centre of attention**. After becoming a donor, she becomes more **sympathetic** and **aware of** other people's feelings, and even **apologises** to Kathy for her **behaviour**.

considerably *adv*	ziemlich, erheblich
initially [ɪˈnɪʃəli] *adv*	zu Anfang, zunächst
= at the beginning	
bossy *adj, inform*	herrisch, herrschsüchtig
attention-seeking *adj*	aufmerksamkeitsbedürftig
fib *v, inform*	schwindeln, flunkern
= tell a fib	
the centre of attention *v* (BE; center AE)	im Mittelpunkt
sympathetic [ˌsɪmpəˈθetɪk] *adj*	verständnisvoll, mitfühlend
‣ sympathy *n*	‣ Mitgefühl
be aware (of sth) *v*	sich (einer Sache) bewusst sein
apologise (to sb) *v*	sich (bei jdm) entschuldigen
‣ apology *n*	‣ Entschuldigung
behaviour [bɪˈheɪvjəʳ] *n, BE* (behavior AE)	Benehmen, Verhalten
‣ behave *v*	‣ sich verhalten, benehmen

appear (to be) *v*	(zu sein) scheinen
dominant *adj*	dominant
self-confident [ˌselfˈkɒnfɪdᵊnt] *adj*	selbstbewusst
≠ insecure	≠ unsicher
determined [dɪˈtɜːmɪnd] *adj*	entschlossen

self-centred *adj, derog*
　= selfish
egoistic [ˌiːgəʊˈɪstɪk] *adj*
　≠ altruistic [ˌæltruˈɪstɪk]

malicious [məˈlɪʃəs] *adj*

egozentrisch, ichbezogen
　selbstsüchtig
egoistisch
　≠ altruistisch, selbstlos,
　uneigennützig
boshaft, gemein

---

slightly [ˈslaɪtli] *adv*
　= a *little* bit
　for the slightest reason
manipulative [məˈnɪpjələtɪv] *adj*
　= scheming [ˈskiːmɪŋ]
　▸ manipulate *v*
subtle [ˈsʌtl] *adj (almost secretly)*
　≠ obvious
dance to sb's tune *v, idiom*
　She can be very manipulative. She
　likes it when everyone dances to her
　tune.
pretentious [prɪˈten(t)ʃəs] *adj, derog*
boast (about sth) *v*
　= brag about sth
　= show off

ein wenig, etwas

　wegen jeder Kleinigkeit
manipulativ
　intrigant
　▸ manipulieren
subtil
　≠ offensichtlich
nach jds Pfeife tanzen
　Sie manipuliert Leute gerne.
　Sie mag es, wenn alle nach
　ihrer Pfeife tanzen.
angeberisch, großspurig
(mit etw) angeben, prahlen

---

fear (sth) *v*
　= be afraid of sth
left behind *v*

　= get left behind
　= be excluded from sth
fit in *v*
　= be accepted
envy (sb) *v*
　▸ envious *adj*

(etw) fürchten, befürchten

zurückgelassen, *auch:*
　ausgeschlossen

sich einfügen, dazupassen

(jdn) beneiden
　▸ neidisch

---

reasonable *adj*
remorse [rɪˈmɔːs] *n*
　feeling of remorse
　sign of remorse

einsichtig, vernünftig
Reue
　Schuldgefühle
　Zeichen der Reue

regret (sth) *v*   (etw) bedauern
  = be regretful about sth

conscience [ˈkɒn(t)ʃən(t)s] *n*   Gewissen
  have a guilty conscience   ein schlechtes Gewissen haben
  do sth with an easy conscience   etw guten Gewissens tun

amends *n*   **Wiedergutmachung**
  make amends   Wiedergutmachung leisten, etw wiedergutmachen

  Ruth tries **to make amends for** her previous bad behaviour to Kathy.   Ruth versucht, ihr schlechtes Benehmen Kathy gegenüber wiedergutzumachen.

keep (sb) apart (from sb) *v*   (jdn von jm) fernhalten
  Ruth regrets keeping Kathy and Tommy apart from each other for so long.   Ruth bereut es, dass sie Kathy und Tommy so lange voneinander ferngehalten hat.

2.2.3. Tommy

Tommy

Tommy **completes the trio**. In their **schooldays**, he used to be a **hothead** and got **teased** by the other students for his **short temper**. His **lack of** creativity makes him **insecure,** but he **regains** his **confidence** after starting to draw animals.

complete a trio *v, idiom*	**der Dritte im Bunde sein**
schooldays *n, pl*	**Schulzeit**
hothead *n*	**Hitzkopf**
tease (sb) *v*	**(jdn) ärgern, hänseln**
= mock sb	
short temper *n*	**Reizbarkeit**
▸ short-tempered *adj*	▸ (leicht) reizbar
lack (of) *n*	**Mangel (an)**
▸ lack sth *v*	▸ etw vermissen lassen
insecure [ˌɪnsɪˈkjʊəʳ] *adj*	**unsicher, verunsichert**
regain *v*	**wiedererlangen**
confidence *n*	**(Selbst-)Vertrauen, Zuversicht**

make fun of (sb, sth) *v* — sich über (jdn, etw) lustig machen

cross *adj* — verärgert, wütend
 = angry
 = mad *AE*
 be cross with sb — auf jdn böse, sauer sein
tantrum [ˈtæntrəm] *n inform* — Wutanfall, Tobsuchtsanfall
 = childish outburst of anger
hit the roof *v*, *AE*, *idiom* — an die Decke gehen, ausrasten
keep one's cool *v*, *idiom* — cool bleiben, die Fassung bewahren

touchy *adj inform* — empfindlich
 Boy, are you touchy today! — Mensch bist du heute empfind-
 Talk about over-sensitive! — lich! Total übersensibel!
irritable *adj* — reizbar, verärgert
 = irritated
 be extremely irritable — sehr verärgert sein
 easily irritated — leicht reizbar
impulsive [ɪmˈpʌlsɪv] *adj* — impulsiv

- -

anxious (about sth) [ˈæŋ(k)ʃəs] *adj* — besorgt (um etw)
 = worried
 be anxious to do sth — bestrebt sein etw zu tun
 be anxious about sb, sth — sich Sorgen um, über jdn, etw machen
 ▸ anxiety *n* [æŋˈzaɪəti] — ▸ Sorge, Besorgnis
impatient [ɪmˈpeɪʃənt] *adj* — ungeduldig
 ≠ patient
 ▸ impatience *n* — ▸ Ungeduld
unbalanced *adj* — unausgeglichen
immature [ˌɪməˈtjʊəʳ] *adj* — unreif, kindisch
 = childish
 ≠ mature — ≠ reif

- -

sporty *adj* — sportlich
 = athletic [æθˈletɪk]
sweet *adj* — lieb
 He's a **really sweet guy**. — Er ist ein wirklich lieber Kerl.

reliable *adj*	verlässlich
▸ rely on (sb, sth)	▸ sich (auf jdn, etw) verlassen
positive *adj*	positiv
= optimistic	
positive attitude (to(wards) sth)	eine positive Einstellung (zu etw)

3.1. Kathy and Ruth

BFF ("Best Friends Forever") *n*	**Beste Freun(innen) für immer**
relationship *n*	**Beziehung**
friendly relationship	freundschaftliche Beziehung
shallow relationship	oberflächliche Beziehung
family-based relationship	familiäre Beziehung
love-hate relationship	Hassliebe
friend *n*	**Freund(in)**
= mate *inform, BE*	
become friends	sich anfreunden, Freunde werden
childhood friend	Kindheitsfreund(in), Freund(in) aus der Kindheit
"A friend in need is a friend indeed." *(proverb)*	Ein wahrer Freund steht auch in schweren Zeiten zu einem.

friendship *n*	**Freundschaft**
close friendship	enge Freundschaft
strike up a friendship (with sb)	(mit jdm) Freundschaft schließen
token of friendship	Zeichen der Freundschaft
roommate *n (share a room or apartment)*	**Zimmergenosse(in)**
join (sth) *v*	**(etw) beitreten, Mitglied werden, bei etw mitmachen**
be part of (sth) *v*	**Teil (von etw) sein, (zu etw) dazugehören**
gang *n (group of friends)*	**Clique, Gruppe**

leader *n* | Anführer(in)
= head
Ruth was undoubtedly the **leader of their gang**. | Ruth war zweifellos die Anführerin ihrer Freundesgruppe.
lead from the front *v*, *idiom* | **den Ton angeben**
order *n* | **Befehl, Anweisung**
give orders | Befehle geben
ally [ˈælaɪ] *n* | **Verbündete(r)**
staunch ally [stɔːntʃ] | zuverlässiger Verbündeter
friend and ally | Freund und Verbündeter

- - -

rule *n* | **Regel**
unspoken rule | unausgesprochene Regel
break a rule | eine Regel brechen, verletzen
agreement *n* | **Vereinbarung**
silent agreement | stille Übereinkunft
reproach (sb for doing sth, with sth) *v* | **(jdm) Vorwürfe machen (wegen) (etw), jdm (etw) vorwerfen, vorhalten**
‣ reproachful *adj* | ‣ vorwurfsvoll
left out *v* | **ausgeschlossen**
get the boot *v*, *inform* | **rausfliegen**

- - -

bond (between) *n* | **Bindung (zwischen)**
have a special bond (to sb) | eine besondere Beziehung (zu jdm) haben
close bond | enge Bindung
trust (sb) *v* | **(jdm) vertrauen**
≠ distrust (sb) | ≠ (jdm) misstrauen
trust sb completely | jdm ganz, voll vertrauen
‣ trust *n* | ‣ Vertrauen
confide in (sb) [kənˈfaɪd] *v* | **sich (jdm) anvertrauen**
(tell sb your secrets)
rely on (sb, sth) *v* | **sich (auf jdn, etw) verlassen**
accept (sb) *v* | **(jdn) akzeptieren**
accept sb the way he/she is | jdn so akzeptieren, wie er, sie ist
To love somebody is to **accept them just the way they are**. | Wenn du jemanden liebst, akzeptierst du ihn/sie, wie er/sie ist.

(be) close [kləʊs] *v*
They have always been very close.

(sich) nahe (stehen)
Sie standen sich immer schon nahe.

loyalty (to) *n, uncount*
= devotion
≠ disloyalty

Loyalität, Treue (zu)

≠ Illoyalität

- -

flaw *n*
character flaw
sisterly *adj*
They had quite a **sisterly relationship**.

Schwäche, Makel
Charakter-Schwäche, Makel
schwesterlich
Sie hatten eine ziemlich schwesterliche Beziehung zueinander.

complicated *adj*
≠ easy-going
≠ simple
make up for (sth) *v*
‣ make up with (sb)
Ruth **made up for her previous bad behaviour** by being kind to Kathy.

kompliziert
≠ unkompliziert
≠ einfach
(etw) wiedergutmachen
‣ sich mit jdm versöhnen
Ruth hat ihr schlechtes Benehmen von damals wiedergutgemacht, indem sie Kathy gut und großzügig behandelte.

consideration *n, uncount*
show consideration (for sb)
betray (sb) *v*
betray a secret to sb *(which they are not supposed to know)*
‣ betrayal *n uncount*

Rücksicht
Rücksicht (auf jdn) nehmen
(jdn) betrügen, verraten
jdm ein Geheimnis verraten

‣ Verrat, Betrug

Kathy and Ruth's relationship

Although Kathy and Ruth have established a **lifelong friendship**, there are times when their relationship is **anything but harmonious**. Ruth once **expelled** Kathy from her 'secret guard' (a kind of secret, exclusive club of students, of the type that children of that age often form) for their favourite guardian, Miss Geraldine, after Kathy found out that Ruth was only **pretending** to know how to play chess. Kathy could easily have **exposed** Ruth in front of the others. A couple of years later, a similar situation occurs when Ruth **implies** that her new pencil case has been a personal gift from Miss Geraldine. There were certainly a couple of **unresolved** conflicts between the girls, but despite everything, they were true friends who **cared for** each other deeply.

lifelong friendship n	lebenslange Freundschaft
anything but ... v	alles andere als ...
harmonious [hɑːˈməʊnɪəs] adj	harmonisch, ungetrübt, glücklich
≠ hostile [ˈhɒstaɪl]	≠ feindselig
expel (sb from sth) [ɪkˈspel] v	(jdn von etw) ausschließen, jdm aus-, verweisen
pretend v	vorgeben, vortäuschen, so tun als ob
expose (sb) v	(jdn) bloßstellen, verraten
imply v	andeuten, eine Andeutung machen
unresolved adj	ungelöst
care (for sb) v	(für jdn) sorgen, sich (um jdn) sorgen
to care for sb deeply	eine sehr enge und vertraute Beziehung zu jdm haben

estranged [ɪˈstreɪndʒd] adj	entfremdet
be estranged from sb	mit jdm zerstritten sein
go to pieces (over sth) v, inform	(wegen etw) in die Brüche gehen
grow apart (from each other) v	sich auseinanderleben
= drift apart	
communication n, uncount	Kommunikation

contact *n*, *uncount*	**Kontakt, Verbindung**
stay in contact with sb	mit jdm in Kontakt bleiben
lose contact with sb	den Kontakt zu jdm abbrechen lassen, verlieren

3.2. Ruth and Tommy

have a crush on sb *v*, *inform*	**in jdn verschossen, verknallt sein**
fall in love (with sb) *v*	**sich (in jdn) verlieben**
attract (sb) *v*	**(jdn) anziehen**
be sexually attracted to sb	zu jdm sexuell angezogen sein
sexual *adj*	**sexuell**
date (sb) *v*, *usu AE*	**sich mit jdm treffen, mit jdm ausgehen**
make out (with sb) *v*, *inform*	**(mit jdm) rummachen**

enter into a relationship (with sb) *v*	**(mit jdm) eine Beziehung eingehen**
couple *n*	**(Liebes-)Paar, Pärchen**
make a lovely couple	ein hübsches Pärchen abgeben
(long) established *adj*	**etabliert, (alteingesessen)**
Some of the couples in the Cottages were long established.	Einige der Paare in den Cottages waren schon lange zusammen.
love affair *n*	**Liebesaffäre**
continue (with) *v*	**weiterführen**
faithful *adj*	**treu**
= loyal	
≠ unfaithful	≠ untreu
be faithful to sb	jdm treu sein

quarrel [ˈkwɒrəl] *n*	**Streit, Auseinandersetzung**
= argument	
have a quarrel	sich streiten, zanken
▸ quarrel *v*	▸ sich streiten
tiff *n*, *inform*	**Geplänkel, Krach**
= fight *mainly AE*	
lover's tiff	Beziehungsstress
cheat (on sb) *v*	**(jdn) betrügen, (jdm) untreu sein**

break up (with sb) *v* (mit Jdm) Schluss machen
= split up
‣ break-up *n* ‣ Trennung
ex-(boyfriend, -girlfriend) *n* **Ex-(freund,-freundin)**

3.3. Kathy and Tommy

jealousy [ˈʤeləsi] *n* **Eifersucht**
fit of jealousy Anfall von Eifersucht
‣ jealous *adj* ‣ eifersüchtig
triangular [traɪˈæŋgjələʳ] *adj* **dreieckig, Dreiecks-**
triangular relationship Dreiecksbeziehung
the **odd one out** *v, idiom* **das fünfte Rad am Wagen**
= play gooseberry [ˈgʊzbəri] *idiom*
come between sb *v* **zwischen jdn kommen**
We'll be best friends forever. **Nothing** Wir werden für immer
will ever come between us. befreundet sein. Nichts kommt
zwischen dich und mich.

superfluous [suːˈpɜːfluəs] *adj* **überflüssig**
platonic [pləˈtɒnɪk] *adj* **platonisch** *(emotional aber nicht*
sexuell)
platonic friendship platonische Freundschaft
get along (with sb) *v* **sich (mit jdm) gut verstehen**

- -

pair (sb) off *v, inform* **(jdn) verkuppeln**
lover *n* **Liebende(r), Geliebte(r)**
star-crossed lovers *pl* unglückseliges Liebespaar
Romeo and Juliet are perhaps the Romeo und Julia ist wohl das
world's best-known star-crossed bekannteste unglückselige
lovers. Liebespaar der Welt.
be in love (with sb) *v* **(in jdn) verliebt sein**
have (deep) feelings for sb *v* **etw für jdn empfinden, (tiefe)**
Gefühle für jdn empfinden

affinity [əˈfɪnəti] *n* **Verbundenheit**
feel (an) affinity (for sb) sich (jdm) verbunden fühlen
emotional *adj* **emotional**
long for (sb) *v* **sich (nach jdm) sehnen**
= miss sb

3.4. Other characters

accept (sb, sth) *v*
  ≠ reject
  ▸ acceptable *adj*
  ▸ acceptance *n*
regard (sb as sth) *v*

alien *adj*
  = strange
disconcerting [ˌdɪskənˈsɜːtɪŋ] *adj*
merely [ˈmɪəli] *adv*
  = simply
tolerate (sb, sth) *v*
  The clones are **just about tolerated** by society as they fulfill a certain purpose.

despise (sb, sth) [dɪˈspaɪz] *v*

(jdn, etw) akzeptieren, annehmen
  ≠ ablehnen
  ▸ akzeptabel, annehmbar
  ▸ Akzeptanz
(jdn als etw) ansehen, betrachten

fremd(artig), *auch:* **seltsam**

befremdlich, beunruhigend
lediglich

(jdn, etw) tolerieren, dulden
  Die Klone werden gerade noch von der Gesellschaft geduldet, da sie einen bestimmten Zweck erfüllen.

(jdn, etw) verachten

---

figure *n*
  father figure
  mother figure
feel responsible (for sb, sth) *v*

affect (sb) *v*

  be affected by sth

  In her job as a carer, Kathy cannot let the 'completions' **affect her deeply**.

make sb understand (sth) *v*
  = explain sth to sb
replace (sb, sth with sth) *v*
  = substitute for sth
  ▸ replacement *n*
on behalf of sb *prep*

Figur, -ersatz
  Vaterfigur
  Mutterfigur
sich (für jdn, etw) verantwortlich fühlen

(jdn) betreffen, sich auswirken auf (jdn)
  von etw (emotional) betroffen sein

  Als ‚carer' darf Kathy nicht zulassen, dass die ‚completions' (Todesfälle) sich tief auf sie auswirken.

jdm (etw) verständlich machen

(jdn, etw) (durch etw) ersetzen

  ▸ Ersatz
in jds Interesse, in jds Namen

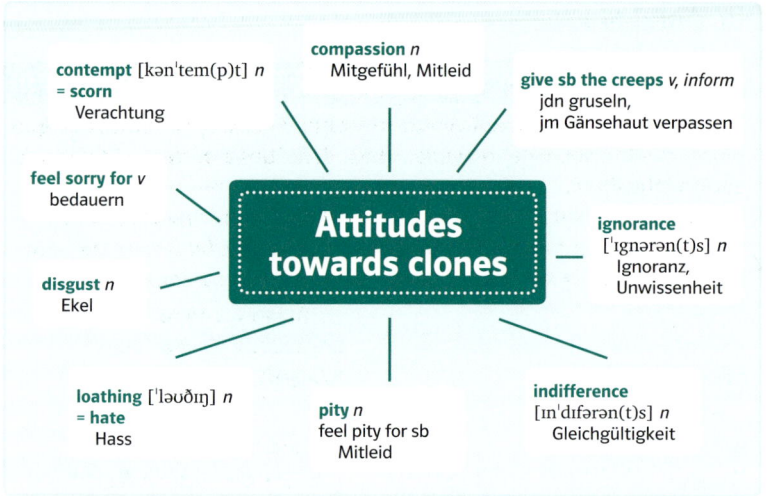

contempt [kən'tem(p)t] *n*
= **scorn**
 Verachtung

compassion *n*
 Mitgefühl, Mitleid

give sb the creeps *v, inform*
 jdn gruseln,
 jm Gänsehaut verpassen

feel sorry for *v*
 bedauern

Attitudes towards clones

ignorance ['ɪgnərən(t)s] *n*
 Ignoranz,
 Unwissenheit

disgust *n*
 Ekel

loathing ['ləʊðɪŋ] *n*
= **hate**
 Hass

pity *n*
 feel pity for sb
 Mitleid

indifference [ɪn'dɪfərən(t)s] *n*
 Gleichgültigkeit

---

majority [mə'ʤɒrəti] *n*
 ≠ minority [maɪ'nɒrəti]
 vast majority
 small majority
prefer (to do sth) *v*
 Most of the people **prefer not to think about** the existence of clones at all.

repress *v*
 = suppress
 repress the thought of sth

 ▸ repression *n*
a means to an end *n, idiom*
profit (from sth) ['prɒfɪt] *v*
 = benefit from

Mehrheit
 ≠ Minderheit
 große, überwiegende Mehrheit
 knappe Mehrheit
bevorzugen (etw zu tun)
 Die meisten Leute bevorzugen es, überhaupt nicht über die Existenz von Klonen nachzudenken.

unterdrücken, verdrängen

 den Gedanken an etw verdrängen
 ▸ Verdrängung
ein Mittel zum Zweck
aus etw seinen Nutzen ziehen

4.1. Dystopia

What is dystopia?

The term *dystopia* **derives** from the Greek and **literally translates** as 'bad place'. It is the opposite to *utopia*, which describes a perfect and peaceful society. The literal translation of *utopia* is 'no place'. It is thus an illusion. Dystopian novels **depict** societies that **differ** in many aspects from ours; they are often, but not **necessarily**, set in the future. **Moreover**, they are almost without exception an **expression of** criticism of today's society.

derive (from sth) *v*	sich (von etw) ableiten lassen, *auch:* **stammen aus**
literal *adv*	(wort-)wörtlich
▸ literally *adv*	
translate *v*	übersetzen
depict *v*	darstellen, beschreiben
differ (from sth) ['dɪfəʳ] *v*	sich (von etw) unterscheiden
necessarily ['nesəsərəli] *adv*	notwendigerweise, zwangsläufig
moreover *adv*	überdies, zudem
= furthermore	
expression (of sth) *n*	**Ausdruck (von etw)**

dehumanised [ˌdiːˈhjuːmənaɪzd] *adj* — entmenschlicht
illusion [ɪˈluːʒən] *n* — Illusion, Täuschung, Trugbild
  Utopia is the illusion of a perfect society. — Utopie ist die Illusion einer perfekten Gesellschaft.
futuristic [ˌfjuːtʃəˈrɪstɪk] *adj* — futuristisch
fictitious [fɪkˈtɪʃəs] *adj* — fiktiv, erfunden
  = imaginary
  ▸ fiction *n* — ▸ Fiktion, Erfindung
supposed *adj* — vermeintlich
  = ideal
idyllic [ɪˈdɪlɪk] *adj* — idyllisch, friedlich
  = peaceful

ideology [ˌaɪdiˈɒlədʒi] *n* — Ideologie, Weltanschauung
  political ideology — politische Ideologie
propaganda [ˌprɒpəˈgændə] *n* — **Propaganda**

slogan n — Slogan, Spruch, Parole
  political slogan — politischer Slogan
brainwash (sb) v — (jdn) einer Gehirnwäsche unterziehen

indoctrinate (sb) [ɪnˈdɒktrɪneɪt] v — (jdn) indoktrinieren
  (force your own ideology on others)
  ▸ indoctrination n [ɪnˌdɒktrɪˈneɪʃən] — ▸ Indoktrination
  In dystopian societies, the population is indoctrinated by an elite political class to obey and be silent. — In dystopischen Gesellschaften wird die Bevölkerung von einer vorherrschenden politischen Elite so indoktriniert, dass sie gehorsam bleibt und stets schweigt.

omnipresent [ˌɒmnɪˈprezənt] adj — **allgegenwärtig, omnipräsent**
surveillance [sɜːˈveɪlən(t)s] n — **Überwachung**
  surveillance technology — Überwachungstechnologie

state n — **Staat**
  state control — staatliche Kontrolle
  one-party state — Einparteienstaat
dictator n — **Diktator**
  ▸ dictatorship n — ▸ Diktatur
autocratic [ˌɔːtəˈkrætɪk] adj — **autokratisch**
  ≠ democratic — ≠ demokratisch
  ▸ autocracy n [ɔːˈtɒkrəsi] — ▸ Autokratie
regime [reɪˈʒiːm] n — **Regime** *(Regierung ohne Opposition)*

  Dictatorships are **one-party regimes** with absolute control. — Diktaturen sind Einparteienregimes mit absoluter Kontrolle.

tyrannical [tɪˈrænɪkəl] adj — **tyrannisch**
  tyrannical regime — tyrannisches Regime
  ▸ tyranny n [ˈtɪrəni] — ▸ Tyrannei
worship (sb, sth) [ˈwɜːʃɪp] v — **(etw, jdn) anbeten, verehren**
  ▸ worship n — ▸ Verehrung, Anbetung
figurehead n *(a person who represents a certain ideology, idea or organisation)* — **Galionsfigur, Aushängeschild**
manipulate (sb) [məˈnɪpjəleɪt] v, derog — **(jdn) manipulieren**
  ▸ manipulation n [məˌnɪpjəˈleɪʃən] — ▸ Manipulation

exaggerate (sth) [ɪgˈzæʤəreɪt] *v*	**(etw) übertreiben**
exaggerate the depiction of sth [ɪgˌzæʤərˈeɪʃən]	etw übertrieben darstellen
in an exaggerated fashion	überspitzt, übertrieben
▸ exaggeration *n*	▸ Übertreibung
criticise (sb, sth) [ˈkrɪtɪsaɪz] *v*	**(jdn, etw) kritisieren, scharf verurteilen**
criticise publicly	öffentlich kritisieren
▸ criticism *n* [ˈkrɪtɪsɪzəm]	▸ Kritik
▸ critic *n* [ˈkrɪtɪk]	▸ Kritiker
current [ˈkʌrənt] *adj*	**gegenwärtig, aktuell**
current affairs	aktuelle Vorgänge, Geschehnisse
current situation	aktuelle Lage
social evils *n, pl*	**soziale Missstände**
question (sth) *v*	**(etw) hinterfragen, in Frage stellen, anzweifeln**
draw attention (to sth) *v*	**die Aufmerksamkeit (auf etw) lenken, (auf etw) aufmerksam machen**

4.2. Major themes and motifs

4.2.1. Clones

Clones in 'The Island'

In the 2005 science fiction film *The Island* by Hollywood director Michael Bay, clones are not only **harvested** for their organs and **tissue**, but also used as living **incubators** for babies if their **sponsor** is not able or **willing** to be or become pregnant herself. They are created by a private company as an individual **luxury product** for extremely **wealthy** clients and not, as in *Never Let Me Go*, because of a general **organ shortage** in society. **Unlike** the people in *Never Let Me Go*, the clients in *The Island* are **kept in ignorance** about the fact that their **'life insurance'** is actually a living human being.

harvest (sth) [ˈhɑːvɪst] *v*	**(etw) ernten**
tissue [ˈtɪʃuː] *n*	**Gewebe**
incubator [ˈɪŋkjʊbeɪtəʳ] *n*	**Brutkasten, Inkubator**
sponsor [ˈspɒn(t)səʳ] *n*	**Sponsor** *(hier: Genetisches Original; Auftraggeber)*

be willing to do sth v	bereit, gewillt sein etw zu tun
luxury product [ˈlʌkʃəri] n	**Luxusprodukt**
wealthy [ˈwelθi] adj	**reich, wohlhabend, vermögend**
organ shortage [ˈʃɔːtɪʤ] n	**Organmangel**
unlike prep	**anders als**
ignorance [ˈɪgnərən(t)s] n	**Unwissenheit**
keep (sb) in ignorance (about sth)	(jdn) (bezüglich einer Sache) im Unklaren, Dunkeln lassen
life insurance [ɪnˈʃʊərən(t)s] n	**Lebensversicherung**

problem n	**Problem**
= issue	
cause problems	Probleme verursachen
global problem	globales, weltweites Problem
unsolved problem	ungelöstes Problem
face a problem	sich einem Problem stellen
delicate [ˈdelɪkət] adj	**heikel**
= tricky	
= difficult	
a delicate situation	eine heikle, schwierige Situation

treat (sb) v	**(jdn) behandeln**
treat (sb) like dirt inform	(jdn) wie Dreck behandeln
treat (sb as sth)	(jdn als etw) betrachten, ansehen
soulless adj (without a soul)	**seelenlos**
object n	**Objekt, Gegenstand, Ding**
purchase (sth) [ˈpɜːtʃəs] v, form	**(etw)(käuflich) erwerben, kaufen**
= buy	
▸ purchase n	▸ Kauf(objekt)
order (sth) v	**(etw) bestellen, in Auftrag geben**

inferior [ɪnˈfɪəriəʳ] *adj* — minderwertig, unterlegen, untergeordnet

  ≠ superior [suːˈpɪəriəʳ] — ≠ überlegen, höhergestellt

  consider (sb) (to be) inferior — (jdn) als minderwertig ansehen

discrimination *n* — **Diskriminierung**

  ▸ discriminate (against sb) *v* — ▸ (jdn) diskriminieren

  Treating clones as if they were not human can be seen **as a form of discrimination**. — Klone so zu behandeln, als wären sie keine Menschen, kann als eine Form der Diskriminierung angesehen werden.

sacrifice (sb, sth) [ˈsækrɪfaɪs] *v* — **(jdn, etw) opfern**

  ▸ sacrifice *n* — ▸ Opfer

good *n* — **Wohl, Nutzen**

  (for the) greater good — (für) das höhere Wohl

  the good of everybody — das Wohl aller

4.2.2. The opportunities and dangers of technology

science *n* — **(Natur-)Wissenschaft**

  modern science — (die) moderne Wissenschaft

progress *n* — **Fortschritt**

  ≠ regression — ≠ Rückschritt

  make progress — Fortschritte machen, vorankommen

  technological progress — technologischer Fortschritt

research *n* — **Forschung**

  scientific research — wissenschaftliche Forschung

  area of research — Forschungsgebiet

development *n* — **Entwicklung**

  rapid development — rasche Entwicklung

  ▸ develop *v* — ▸ entwickeln

advance (in sth) *n* — **Fortschritt (in etw)**

possibility *n* — **Möglichkeit**

  possibilities *pl* — Möglichkeiten, Potenzial

  Ever advancing technology has always caused society both **risks and possibilities**. — Die immer fortschreitende Technologie hat den Menschen schon immer sowohl Gefahren als auch Möglichkeiten bereitet.

robotics [rə(ʊ)ˈbɒtɪks] *n, pl*
(+ *sing verb*)

Robotertechnik

robot *n*

Robots perform various tasks to make people's lives easier.

Roboter

Roboter erfüllen verschiedene Aufgaben, um das Leben der Menschen einfacher zu machen.

humanlike *adj*
= humanoid [ˈhjuːmənɔɪd]

menschenähnlich
menschenartig

serve (sb) *v*
▸ service *n*
at your service

(jdm) dienen
▸ Dienst
zu Ihren Diensten

consciousness [ˈkɒn(t)ʃəsnəs] *n*
human consciousness

Bewusstsein
menschliches Bewusstsein

emotionless *adj (have no emotions)*

gefühllos

possess (sth) *v*
= own sth
▸ possession *n*

(etw) besitzen

▸ Besitz

Cybernetics

Like cloning and robotics, **cybernetics** is a common **subject** in works of dystopia and science-fiction. It **deals with** the question of how information is **transferred** within machines and compares this to the human or animal **nervous system**. In literature, cybernetic experiments often **result in** a so-called **cyborg**, a **technically modified** human or animal.

cybernetics [ˌsaɪbəˈnetɪks] *n, pl* (+ *sing verb*)	**Kybernetik**
subject *n*	**Thema**
deal with *v*	**handeln von, sich befassen mit**
transfer (sth) *v*	**(etw) übertragen, transferieren**
nervous system *n*	**Nervensystem**
result in *v*	**führen zu, resultieren in**
cyborg [ˈsaɪbɔːg] *n (cybernetic organism)*	**Cyborg**
technically modified *adj*	**technisch modifiziert, verändert**

4.2.3. Society

imbalance *n*	Ungleichgewicht
social imbalance	soziales Ungleichgewicht
stratification [ˌstrætɪfɪˈkeɪʃən] *n*	**Schichtung**
social stratification	soziale Schichtung
exploit (sb) [ɪkˈsplɔɪt] *v*	**(jdn) ausbeuten, ausnutzen**
‣ exploitation *n (uncount)*	‣ Ausbeutung, Ausnutzung
suffering *n*	**Leid, Leiden**
‣ suffer *v*	‣ leiden
The society portrayed in the book gains a huge advantage from **other people's suffering**.	Die im Buch dargestellte Gesellschaft zieht gewaltig ihren Nutzen aus dem Leid anderer.
advantage *n*	**Vorteil**
take advantage (of sb)	(jdn) ausnutzen
gain advantage	einen Vorteil ziehen
restrict (sth) *v*	**(etw) einengen, beschränken**
‣ restriction *n*	‣ Beschränkung, Einschränkung
rights *n, pl*	**Rechte**
personal rights	Persönlichkeitsrechte
individual rights	individuelle Rechte

Big Brother

The **phrase Big Brother** was first **coined** by the British author George Orwell. In his famous novel *Nineteen Eighty-Four (1984)*, the general population is **constantly** watched and controlled by a **totalitarian government**. In each house, in every room, there are cameras and **monitors** and people never know whether someone is watching them. Every **trace** of criticism or individual thinking is regarded as **high treason** and **punished by death**.

Big Brother *n, uncount*	**der Große Bruder**
Big Brother society	Überwachungsstaat
"Big Brother is watching you."	„Der Große Bruder sieht dich."
coin a phrase *v*	**einen Begriff prägen, etw zum ersten Mal sagen, schreiben, verwenden**

constantly *adv*	**permanent, ständig, ununterbrochen**
= permanently	
= all the time	
totalitarian [tə(ʊ)ˌtælɪˈteəriən] *adj*	**totalitär**
A **totalitarian state** is run by a single dictator or small group and always restricts its citizens' personal rights in some way, often brutally.	Ein totalitärer Staat wird von einem Diktator oder einer kleinen Gruppe regiert und beschränkt immer die Persönlichkeitsrechte seiner Bürger, oft auf brutale Weise.
government *n*	**Regierung**
run a government	eine Regierung führen
▸ govern (sth) *v* [ˈgʌvən]	▸ (etw) regieren
govern a country	ein Land regieren
monitor *n*	**Monitor, Bildschirm**
▸ monitor sb, sth *v*	▸ jdn, etw beobachten
trace *n*	**Spur, Anzeichen, Anflug**
treason [ˈtriːzən] *n, form*	**Landesverrat**
He was executed for **high treason**.	Er wurde wegen Hochverrats hingerichtet.
punish by death *v*	**mit dem Tode bestrafen**

ruler *n*	**Machthaber(in)**
= person in power	
minority *n*	**Minderheit**
≠ majority	
The people are ruled by an **elite minority**.	Die Leute werden von einer elitären Minderheit regiert.
oppress *v*	**unterdrücken**
▸ oppression *n*	▸ Unterdrückung
deceive [dɪˈsiːv] *v*	**täuschen**
▸ deception *n*	▸ Täuschung

enforce *v*	**durchsetzen, erzwingen**
= impose sth on sb	
oppose sb, sth *v*	**sich gegen jdn, etw stellen**

persecute (sb for sth) [ˈpɜːsɪkjuːt] *v* — (jdn wegen etw) verfolgen
▸ persecution *n* [ˌpɜːsɪˈkjuːʃən] — ▸ Verfolgung
political persecution — politische Verfolgung
execute (sb for sth) [ˈeksɪkjuːt] *v* — (jdn wegen etw) hinrichten
▸ execution *n* [ˌeksɪˈkjuːʃən] — ▸ Hinrichtung
▸ executioner *n* — ▸ Henker(in), Scharfrichter(in)

. . . .

find out (about sth) *v* — (etw) herausfinden, (von etw) erfahren

= learn of sth
willingly *adv* — **gerne, bereitwillig**
deliberately [dɪˈlɪbərətli] *adv* — **absichtlich, bewusst**
look away (from sth) *v* — **(von etw) wegsehen, (etw) nicht sehen wollen**

= ignore sth
= not want to admit sth
They have **looked away from these** — Zu lange haben sie von diesen
problems for too long. — Problemen weggesehen.
idly [ˈaɪdli] *adv* — **untätig**
stand idly by — untätig zusehen

. . . .

disapprove (of) *v* — **(etw) missbilligen**
≠ approve (of) — ≠ gutheißen
room for manoeuvre *n* — **Handlungsmöglichkeit**
rebel (against) [rɪˈbel] *v* — **sich auflehnen (gegen)**
▸ rebellion *n* — ▸ Rebellion, Auflehnung
overthrow *v* — **stürzen** *(Regierung, Machthaber)*
= topple sb, sth

. . . .

occur (to sb) [əˈkɜːʳ] *v* — **(jdm) einfallen, in den Sinn kommen**

left in ignorance (about sth) *v* — **(über etw) im Unklaren gelassen**
unsuspecting *adj* — **ahnungslos, nichtsahnend**
completely unsuspecting — völlig ahnungslos
probable *adj* — **wahrscheinlich**
= likely
≠ improbable — ≠ unwahrscheinlich
≠ unlikely
▸ probably *adv*

shocked *adj* — geschockt, entsetzt
  shocking — schockierend, schrecklich
apathetic [ˌæpəˈθetɪk] *adj* — **gleichgültig, teilnahmslos**
conceivable [kənˈsiːvəbl̩] *adj* — **vorstellbar, denkbar**
  ≠ inconceivable [ˌɪnkənˈsiːvəbl̩] — ≠ unvorstellbar, undenkbar
  ≠ unimaginable
  quite conceivable — durchaus vorstellbar

5.1. Organ donation

organ *n* — **Organ**
  donate an organ — ein Organ spenden
  organ donor [ˈdəʊnəʳ] — Organspender(in)
  organ donation — Organspende
  organ transplant — Organtransplantation
  organ trafficking — (illegaler) Organhandel
  organ shortage — Organmangel
transplant (into sb, sth) — **(in jdn, etw) transplantieren, verpflanzen**
  [trænˈsplɑːnt] *v*
  ▸ transplant *n (process of trans-planting, surgery)* — ▸ Transplantation
  ▸ transplant *n (organ or tissue which is transplanted)* — ▸ Transplantat
graft *n* — **Transplantat**
  skin graft — Hauttransplantat
vital [ˈvaɪtəl] *adj* — **lebensnotwendig, lebenswichtig; lebendig**
  vital organ — lebenswichtiges Organ
tissue [ˈtɪʃuː] *n, uncount* — **Gewebe**
  Dead tissue must be removed. — Abgestorbenes Gewebe muss entfernt werden.
remove (sth from sb) *v* — **(jdm etw) entnehmen**
  = extract [ɪkˈstrækt]
  = take away
  ▸ (organ) removal *n* — ▸ (Organ-)Entnahme

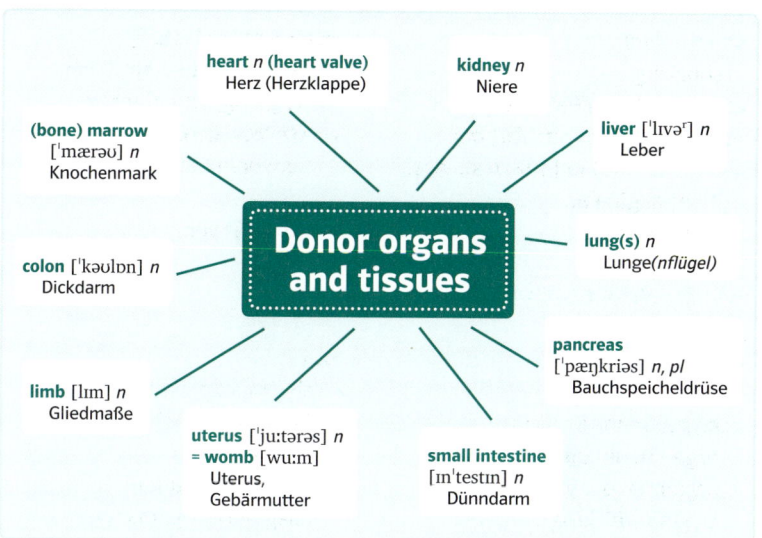

Donor organs and tissues

heart *n* (heart valve)
Herz (Herzklappe)

kidney *n*
Niere

liver ['lɪvəʳ] *n*
Leber

(bone) marrow
['mærəʊ] *n*
Knochenmark

lung(s) *n*
Lunge(nflügel)

colon ['kəʊlɒn] *n*
Dickdarm

pancreas
['pæŋkriəs] *n, pl*
Bauchspeicheldrüse

limb [lɪm] *n*
Gliedmaße

uterus ['juːtərəs] *n*
= womb [wuːm]
Uterus,
Gebärmutter

small intestine
[ɪn'testɪn] *n*
Dünndarm

---

living donation *n (the donor is still alive)* — Lebendspende

living donor *n* — Lebendspender(in)

survive (sth) *v* — (etw) überleben, überstehen
She only survived one "donation". — Sie hat nur ihre erste Spende überlebt.

post-mortal donation
[ˌpəʊs(t)'mɔːtəl] *n (the donor is already dead)* — postmortale Spende
▸ post-mortem [ˌpəʊs(t)'mɔːtem] — ▸ Obduktion

deceased [dɪ'siːst] *adj* — verstorben, tot
recently deceased — kürzlich verstorben

pass away *v, euph* — sterben
= die

---

complication [ˌkɒmplɪ'keɪʃən] *n* — Komplikation
Complications arose during the operation. — Während der Operation kam es zu Komplikationen.

infection *n* — Infektion, Entzündung
catch an infection — sich infizieren
bacterial infection — bakterielle Infektion

recover (from sth) [rɪˈkʌvəʳ] v

= get well again
▸ recovery n

sich (von etw) erholen, wieder gesund werden, genesen

▸ Erholung, Genesung

....

decisive [dɪˈsaɪsɪv] adj

decisive criterion (for sth) [kraɪˈtɪəriən]

determine (sth) v
A person's death is determined either by the fact that their heart is no longer beating, or that their brain is no longer functional.

brain death n, uncount, no art
= cerebral death [ˈserəbrəl]
A person is said to be **brain dead** when no significant brain activity can be measured.

bestimmend, entscheidend, maßgeblich
entscheidendes Kriterium (für etw)

(etw) feststellen, festlegen
Der Tod einer Person wird entweder durch den Herztod oder den Hirntod festgestellt.

Hirntod

Eine Person gilt als hirntot, wenn keine signifikante Gehirnaktivität mehr nachweisbar ist.

Organ donation regulations

Most countries **follow** either **opt-in** or **opt-out regulations** regarding organ donation:
Whereas opt-in regulations **stipulate** that a person has to actively decide whether to become a donor or not, as is the case in Germany, people in countries following the opt-out rule have to do **the exact opposite**: they have to **make an objection** if they do *not* want to be a donor, as the law automatically makes every **citizen** a donor as soon as he or she **comes of age**.

follow (sth) v (rule, order, etc)	(etw) befolgen
opt-in regulation n	Zustimmungsregelung
opt-out regulation n	Widerspruchsregelung
stipulate [ˈstɪpjəleɪt] v	festlegen, vorschreiben
the exact opposite n	das genaue Gegenteil
make an objection (against) [əbˈdʒekʃən] v	Widerspruch einlegen (gegen)
citizen [ˈsɪtɪzən] n	(Staats-)Bürger(in)
come of age v	volljährig werden

organ donor card *n* — Organspendeausweis

organ donation register *n* — Organspenderverzeichnis

Many governmental institutions publish information about organ donation, keep a register of possible organ donors and give out organ donor cards. — Viele staatliche Institutionen informieren über Organspenden, führen ein Spenderverzeichnis und verteilen Organspendeausweise.

rate *n* — Rate, Menge, Quote

survival rate — Überlebensrate

donation rate — Spenderquote

decline [dɪˈklaɪn] *v* — zurückgehen, sinken, fallen

= decrease

= go down

▸ decline *n* — ▸ Abnahme, Rückgang

increase [ɪnˈkriːs] *v* — ansteigen, zunehmen, wachsen

= rise

▸ increase *n* [ˈɪnkriːs] — ▸ Anstieg

Differences between the novel and reality

	Reality	Novel
Donating organs	voluntary act	donor is forced to donate
Consent of the donor	required, obligatory	donor has no say
What is removed from a living donor	usually only a kidney or part of the liver	whatever is needed
Survival of the donor	crucial	secondary

voluntary *adj* — freiwillig

≠ compulsory [kəmˈpʌlsəri] — ≠ verpflichtend, obligatorisch

forced (to do sth) *v* — gezwungen (etw zu tun)

consent [kənˈsent] *n* — Einwilligung, Zustimmung

presumed consent — mutmaßliche Einwilligung

have a say (in sth) *v* — ein Mitspracherecht (in etw) haben, mitreden können, dürfen

crucial [ˈkruːʃəl] *adj* — äußerst wichtig

secondary *adj* — zweitrangig, nebensächlich

human rights *n, pl* — Menschenrechte
right (to) *n* — Recht (auf)
  right to life — Recht auf Leben
  right to physical safety — Recht auf körperliche Unversehrtheit

  The **rights to life and physical safety** are two of the most **fundamental human rights**. — Die Rechte auf Leben und körperliche Unversehrtheit sind zwei der fundamentalsten Menschenrechte.

infringement [ɪnˈfrɪndʒmənt] *n* — (Gesetzes-)Verstoß, Regelverletzung

  = violation
  ▸ infringe on sb's personal rights *v* — ▸ gegen jemandes persönliche Rechte verstoßen

self-determination *n* — **Selbstbestimmung**

....

sugarcoat *v (make sth appear more innocent or positive than it actually is)* — **beschönigen, schönreden**
  = play sth down — etw verharmlosen
euphemism [ˈjuːfəmɪzəm] *n* — **Euphemismus** *(beschönigender Ausdruck)*

  ▸ euphemistic *adj* — ▸ euphemistisch
  In the novel, the term 'complete' is **used as a euphemism for** 'die', or even 'be murdered'. — Im Buch wird der Ausdruck ‚vollenden' als Euphemismus für ‚sterben' oder sogar ‚ermordet werden' verwendet.

mutilation [ˌmjuːtɪˈleɪʃən] *n* — **Verstümmelung**
  ▸ mutilate *v* — ▸ verstümmeln

....

purpose [ˈpɜːpəs] *n* — **Zweck**
  serve a purpose — einem Zweck dienen
  purpose in life — Lebensinhalt, Lebenszweck
intention *n* — **Absicht**
  ▸ intend (to do sth) *v* — ▸ (etw) beabsichtigen
cure (sb of sth) [kjʊə] *v* — **(jdn von etw) heilen**
  ▸ cure *n* — ▸ Heilung, Heilmittel
  ▸ curable *adj* — ▸ heilbar
  ▸ incurable *adj* — ▸ unheilbar

....

disease [dɪˈziːz] *n* — Krankheit, Leiden
  = illness
  hereditary disease [hɪˈredɪtəri] — Erbkrankheit
  treat a disease — eine Krankheit behandeln
  vulnerable to diseases — anfällig für Krankheiten

The clones are often ill because they are weakened by their 'donations'. These also make them more **vulnerable to diseases**, as their immune systems are damaged. — Die Klone sind häufig krank, weil sie durch ihre ‚Spenden' geschwächt werden. Diese machen sie auch anfälliger für Krankheiten, da ihre Immunsysteme geschädigt werden.

contagious [kənˈteɪdʒəs] *adj* — **ansteckend**
  contagious disease — ansteckende Krankheit
delay sth *v* — **etw hinauszögern, verschieben**
mortal *adj* — **sterblich**
  ≠ immortal — ≠ unsterblich
  ▸ mortality *n* — ▸ Sterblichkeit
extend (sth) [ɪkˈstend] *v* — **(etw) verlängern, länger machen, ausweiten**
  ▸ extension *n* — ▸ Verlängerung, Ausweitung
cheat death *v, idiom* — **dem Tod entkommen**

5.2. The processes and ethics of cloning

human [ˈhjuːmən] *adj* — **menschlich** *(den Menschen betreffend)*
  ≠ non-human — ≠ nicht menschlich
  human being — Mensch, menschliches Wesen
  ▸ humane *adj* [hjuːˈmeɪn] *(esp of moral principles)* — ▸ menschlich, human
reproduce *v* — **sich fortpflanzen**
  ▸ reproduction *n* — ▸ Fortpflanzung
give birth (to sb) *v* — **(jdn) zur Welt bringen**

ovum [ˈəʊvəm] *n (pl* ova) — **Eizelle**
  = human egg *inform*
sperm *n* — **Spermium, Sperma**
embryo [ˈembriəʊ] *n* — **Embryo**

fertilisation [ˌfɜː.tɪlaɪˈzeɪʃən] *n* — Befruchtung
  in vitro fertilisation (IVF) [ɪnˈviːtrəʊ] — künstliche Befruchtung
  ▸ fertile [ˈfɜːtaɪl] *adj* — ▸ fruchtbar
implantation *n*, *med* — **Implantation, Einnistung** *(Eizelle)*
  It is said that pregnancy begins with the **implantation of the fertilised** egg into the uterus, known as 'nidation'. — Man sagt, dass die Schwangerschaft mit der Einnistung der befruchteten Eizelle in die Gebärmutter ('Nidation') beginnt.

sterile [ˈsteraɪl] *adj* — **steril, unfruchtbar**
  = infertile [ɪnˈfɜːtaɪl]

Human cloning

The term 'cloning' can refer to two different kinds of **artificial genetic reproduction**: in **reproductive cloning,** on the one hand, a fully-grown genetic copy of a human being is created by **implanting** an embryo into the **womb** of a **surrogate mother. Therapeutic cloning**, on the other hand, does not **require** a **developed** embryo and therefore does not create an actual human being. Rather, **stem cells** are **duplicated** in order to **grow** certain tissue or even a complete organ.

In *Never Let Me Go*, the main characters are cloned from people whom we (and they) never met. Because they are curious to know who they are, they search for them, calling them 'possibles'.

artificial [ˌɑːtɪˈfɪʃəl] *adj*	**künstlich**
≠ natural	≠ natürlich
genetic reproduction *n*	**genetische Vervielfältigung**
reproductive cloning *n*	**reproduktives Klonen**
implant (sth into sb, sth) *v*	**(etw in jdn, etw) einpflanzen**
womb [wuːm] *n*	**Gebärmutter**
= uterus	
surrogate mother [ˈsʌrəgət] *n*	**Leihmutter**
therapeutic cloning [ˌθerəˈpjuːtɪk] *n*	**therapeutisches Klonen**
require (sth) [rɪˈkwaɪəʳ] *v*	**(etw) brauchen, benötigen**
developed *adj*	**entwickelt, ausgebildet**
stem cell *n*	**Stammzelle**
duplicate *v*	**duplizieren, vervielfältigen**
grow (sth) *v*	**(etw) züchten**

bring into existence *v*	erschaffen, ins Leben rufen
model (sb on sb, sth) *v*	(jdn nach der Vorlage von etw, jdm) modellieren, erschaffen
genetic *adj*	genetisch, Erb-
genetic make-up	Erbgut, Erbmaterial
genetic identity	genetische Identität
modify [ˈmɒdɪfaɪ] *v*	verändern, modifizieren
‣ modification *n*	‣ Modifikation, Veränderung
genetic modification	Genveränderung

The ethics of human cloning

Reproductive cloning is **widely** regarded as **unethical** and is therefore **prohibited by law** in most countries. Nevertheless, it still **raises controversy** from time to time. Although, in reality, no actual human has ever been cloned in the way that is **portrayed** in novels such as *Never Let Me Go*, there has been some successful cloning of animals **in recent years**. Therapeutic cloning, **in contrast**, is an active **field of** medical **research** and thus not as strongly **condemned** (or feared) by society as reproductive cloning.

widely *adv*	weitestgehend
unethical [ʌnˈeθɪkəl] *adj*	unethisch, unmoralisch
prohibited (by law) *v*	(gesetzlich, per Gesetz) verboten
= be forbidden	
raise controversy [kənˈtrɒvəsi] *v*	eine Kontroverse aufwerfen, verursachen
portray [pɔːˈtreɪ] *v*	darstellen
in recent years *adv*	in den letzten Jahren
‣ recently *adv*	‣ kürzlich, vor Kurzem
in contrast to *prep*	im Gegensatz zu
field of research *n*	Forschungsgebiet, -feld
condemn [kənˈdem] *v*	verurteilen

justify (sth) [ˈdʒʌstɪfaɪ] v

The end justifies the means. *idiom*

‣ justifiable *adj*

‣ justification *n*

legitimate [lɪˈdʒɪtəmət] *adj*

≠ reprehensible

morally legitimate

controversial [ˌkɒntrəˈvɜːʃəl] *adj*

controversial issue

dilemma [dɪˈlemə] *n*

moral dilemma

avoid a dilemma

(etw) rechtfertigen

Der Zweck heiligt die Mittel.

‣ gerechtfertigt, berechtigt

‣ Rechtfertigung

legitim, zulässig

≠ verwerflich, verurteilenswert

moralisch vertretbar

kontrovers, umstritten

kontroverses Thema

Dilemma, Zwangslage

moralisches Dilemma

ein Dilemma umgehen

---

argue (about sth) v

= have an argument about sth

‣ argument [ˈɑːgjəmənt] *n*

(über etw) streiten

‣ Streit, Auseinandersetzung; Argument

debate (about) *n*

‣ debate (about) sth *v*

be in favour (of sth) *v*

= favour sth

≠ be against sth

≠ disapprove of sth

Debatte, Diskussion (über)

‣ (über) etw diskutieren

(für etw) sein, (etw) befürworten

≠ gegen etw sein

≠ etw ablehnen

6.1. General terms

film *n*, *BE*

= motion picture *AE*

= movie *BE*

shoot, make a film

release a film

(Spiel-)Film

einen Film drehen

einen Film herausbringen, veröffentlichen

plot *n*

= storyline

story arc *n*

timeline *n* (*chronological order of events*)

hier: **Handlung**

Handlungsstrang

hier: **(Handlungs-)Verlauf**

take place *v*
= be set in *(a time, place)*
The story of *Never Let Me Go* takes place in the late 1990s.

stattfinden, *hier:* **spielen**

Die Geschichte in *Never Let Me Go* spielt in den späten 1990er Jahren.

point of view *n*
= narrative perspective

hier: (Erzähl-)Perspektive

. . . .

cast (of a movie) [kɑːst] *n*
▸ cast sb in a role *v*
star *v*
A new film starring Ewan McGregor will be released next month.

Besetzung
▸ eine Rolle (mit jdm) besetzen
die Hauptrolle spielen
Ein neuer Film mit Ewan McGregor in der Hauptrolle wird nächsten Monat herauskommen.

act *v*
act convincingly
▸ actor *n*
▸ actress *n old*
▸ acting *n*
role *n*
lead(ing) role
supporting role

schauspielern
überzeugend spielen
▸ Schauspieler(in)
▸ Schauspielerin
▸ Schauspielerei, Darstellung
Rolle
Hauptrolle
Nebenrolle

. . . .

edit (a film, scene) *v*

▸ editor *n*

(einen Film, eine Szene) schneiden; *auch:* herausgeben (Buch, Magazin etc.)
▸ Cutter(in), *auch:* Herausgeber(in), Redakteur(in)

abridge (a script) [əˈbrɪʤ] *v*
▸ abridgement *n*
revise *v*
revise a book
▸ revision *n*

(ein Skript) kürzen
▸ Kürzung
überarbeiten
ein Buch redigieren
▸ Überarbeitung

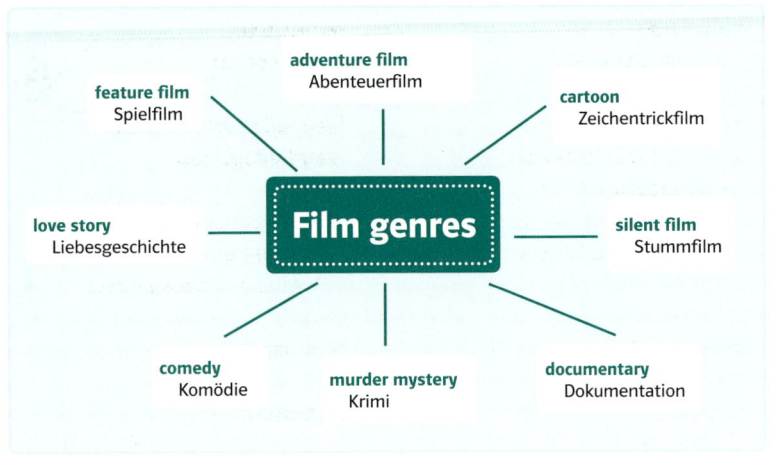

Film genres

- adventure film — Abenteuerfilm
- feature film — Spielfilm
- cartoon — Zeichentrickfilm
- love story — Liebesgeschichte
- silent film — Stummfilm
- comedy — Komödie
- murder mystery — Krimi
- documentary — Dokumentation

scene [siːn] *n*	Szene
shot *n*	Aufnahme, Einstellung
= take	
close-up *n*	Nahaufnahme
extreme close-up	Detailaufnahme
Close-ups are often used at emotional moments during a film.	Nahaufnahmen werden oft zu emotionsgeladenen Momenten eines Films eingesetzt.
long shot *n*	Totale
extreme long shot	Panorama
medium long shot	Halbtotale
mise en scène [miːzãˈsen] *n*	Inszenierung, Bildkomposition
camera angle *n*	Kameraperspektive
point-of-view shot	subjektive Kameraführung,-einstellung
panning *n*	(Kamera-)Schwenk
▸ pan *v*	▸ schwenken
depiction *n*	Darstellung
▸ depict *v*	▸ darstellen
detailed [ˈdiːteɪld] *adj*	detailliert
= in detail	

realistic *adj* — realistisch
  ≠ *here:* artificial — ≠ künstlich
  ▸ realistically *adv*

false *adj* — *hier:* **aufgesetzt, falsch**
accurate [ˈækjərət] *adj* — **wahrheitsgetreu**
  ▸ accurately *adv*

over-the-top *adj* — **übertrieben, exzessiv**
  That was clearly **over-the-top acting**. — Das war eindeutig übertriebene Schauspielerei.

---

exciting *adj* — spannend
  = thrilling

suspense *n* — **Spannung**
  = tension
  create suspense — Spannung erzeugen
  ▸ suspenseful *adj* — ▸ spannend

reaction (to sth) *n* — **Reaktion (auf etw)**
impression *n* — **Eindruck**
  give the impression that ... — den Eindruck erwecken, dass ...

effect (on sb, sth) *n* — **Wirkung (auf jdn, etw)**
evoke [ɪˈvəʊk] *v* — **hervorrufen**
impact *n* — **Wirkung, Einfluss**
  emotional impact — emotionale Wirkung
  huge impact — großer Einfluss

---

set (sb) thinking *v* — **(jdn) nachdenklich machen, stimmen**

  = make sb think
  The story set me thinking. — Die Geschichte hat mich nachdenklich gemacht.

intriguing [ɪnˈtriːgɪŋ] *adj* — **interessant, faszinierend**
  = captivating

disturbing *adj* — **verstörend, beunruhigend**
  disturbing images — verstörende Bilder

deterrent [dɪˈterənt] *adj* — **abschreckend**
  ▸ deterrence *n* — ▸ Abschreckung
  ▸ deter sb *v* — ▸ jdn abschrecken

striking *adj* — **auffällig, bemerkenswert**
  striking image — eindrucksvolles Bild

oppressive [ə'presɪv] *adj*
The topic of cloning and organ harvesting may cause an **oppressive feeling**.

unterdrückend, beklemmend
Das Thema Klonen und Organzüchtung kann ein beklemmendes Gefühl auslösen.

How to turn a book into a film

Making a **film adaptation** of a book or a **stage play** includes many different people with different tasks. First of all, it has to be decided whether a story has **cinematic** potential or not. This is mostly the job of the **producer,** who then develops the project and finds the other people involved in the making of a film. These include, besides actors, **financiers** or **technical staff**, the **screenwriter,** who turns the original text into a **screenplay,** and the **director,** who will **realise** the whole plan.

Of course, there are always some things that need to be changed in order to make the film version work, but as long as the original message of the novel is not lost, it can be a wonderful **tribute** to the original.

adaptation *n*	Adaption, Bearbeitung
film adaptation	Verfilmung
▸ adapt *v*	▸ bearbeiten, adaptieren
stage play *n*	Theaterstück, Bühnenstück
cinematic [ˌsɪnɪ'mætɪk] *adj* (relating to cinema)	Film-, filmisch
producer *n*	Produzent(in)
executive producer	ausführende(r) Produzent(in)
finance ['faɪnæn(t)s] *v*	finanzieren
▸ financier *n* [faɪ'næn(t)sɪəʳ]	▸ Geldgeber(in), Finanzier(in)
staff *n*	Personal, Mitarbeiter
technical staff (camera operators, experts for special effects, etc.)	technisches Fachpersonal, technisches Team
screenwriter *n*	Drehbuchautor(in)
▸ screenplay	▸ Drehbuch
director *n*	Regisseur(in)
realise *v*	verwirklichen
tribute ['trɪbjuːt] *n*	Tribut, Zeichen der Wertschätzung

6.2. Differences to the book

(main) emphasis [ˈem(p)fəsɪs] *n*	**Schwerpunkt, Betonung**
put, lay emphasis on (sth)	(etw) betonen, hervorheben
▸ emphasise (sth) *v* [ˈem(p)fəsaɪz]	▸ (etw) betonen, hervorheben
intention *n*	**Absicht, Vorhaben, Intention**
▸ intend sth *v*	▸ etw beabsichtigen
reason *n*	**Grund**
What could be the reasons for the changes between the book and the film?	Was könnten die Gründe für die Unterschiede zwischen Buch und Film sein?
change *n*	**Änderung**
make changes	Änderungen vornehmen
implications *n*, *pl*	**Folgen, Auswirkungen**
= consequences	

- - -

alter (sth) [ˈɔːltə] *v*	**(etw) verändern**
= modify sth	
▸ alteration *n*	▸ Änderung
An altered timeline may lead to a different flow of information.	Eine geänderte Abfolge der Ereignisse kann zu einem anderen Informationsfluss führen.
lengthen *v*	*hier:* **ausbauen, in die Länge ziehen; verlängern**
≠ shorten	≠ verkürzen
omit [ə(ʊ)ˈmɪt] *v*	**auslassen, übergehen**
= skip	
≠ add	≠ hinzufügen, ergänzen
▸ omission *n*	▸ Auslassung

- - -

amend (sth) [əˈmend] *v*	**(etw) abändern, ergänzen**
▸ amendment *n*	▸ Änderung, Ergänzung
shift (sth towards sth) *v*	**(etw) verschieben, verlagern (auf etw)**
= *here:* change	
The main **emphasis** of the story **was shifted towards** the romantic relationship between Kathy and Tommy.	Der Schwerpunkt der Geschichte wurde auf die Liebesbeziehung zwischen Kathy und Tommy verlagert.

condensed *adj* = compressed	komprimiert, verkürzt

keep (sb) in the dark (about sth) *v*, *idiom* = hide sth from sb	(jdn über eine Sache) im Dunkeln lassen etw vor jdm verstecken
be aware (of sth) *v*	sich (einer Sache) bewusst sein, (etw) wissen
≠ be unaware (of sth)	≠ sich (einer Sache) nicht be- wusst sein, (etw) nicht wissen
wholly aware	vollkommen bewusst
make (sb) aware (of sth)	(jdm etw) bewusst machen
It is not quite clear whether the students of Hailsham are aware of their real purpose in life.	Es ist nicht ganz eindeutig, ob sich die Schüler von Hailsham über ihren wirklichen Lebens- zweck im Klaren sind.
awareness *n (the state of being aware of sth)*	Bewusstsein
obliged [əˈblaɪʤd] *adj* feel obliged (to do sth)	gezwungen, verpflichtet sich verpflichtet fühlen (etw zu tun)

Miss Lucy

One major difference between the book and the movie **concerns** one of the students' guardians, Miss Lucy. Not only is her **physical appearance** quite different from how it is described in the book (where she is more sporty and masculine), she is also the person that **informs** the students about their real purpose. For telling them this, she is summarily **dismissed** from Hailsham immediately.

However, in the book it is more that feels the **need** to explain to them what they already know but do not **seem to grasp** completely: that their lives have been **set in stone** for them and that they will never become actors, doctors or anything that they want to become.

concern (sb, sth) *v*	(jdn, etw) betreffen
appearance [əˈpɪərən(t)s] *n, uncount* = looks	Erscheinung, Aussehen
physical appearance	äußere Erscheinung, Äußeres

inform (sb about, of sth) *v*	(jdn über etw) aufklären
= tell sb about sth	
dismiss (sb) *v*	(jdn) entlassen, feuern
= fire sb *inform*	
= sack sb *inform*	
summarily dismissed	fristlos gekündigt
‣ dismissed *adj*	‣ entlassen, gekündigt
need *n*	**Bedürfnis,** *hier auch:* **Wunsch**
= desire	
feel the need (to do sth)	das Bedürfnis haben, verspüren (etw zu tun)
appear (to be) *v*	(zu sein) scheinen
= seem	
It appears (to me) that ...	Es scheint, dass ... ; Ich habe den Eindruck, dass ...
grasp (sth) *v*	(etw) begreifen, verstehen
= realise	
set in stone *adj idiom*	**in Stein gemeißelt**

measure(s) [ˈmeʒəʳ] *n, usu pl*	Maßnahme(n)
take measures	Maßnahmen ergreifen
secure (sth) [sɪˈkjʊəʳ] *v*	(etw) sichern, absichern, sicherstellen, garantieren
‣ secure *adj*	‣ sicher, bewacht
‣ security *n*	‣ Sicherheit
surveillance [sɜːˈveɪlən(t)s] *n*	Überwachung, Kontrolle
= supervision	Aufsicht
be under constant surveillance	unter ständiger Beobachtung stehen
tracking *n*	Ortung, (Nach-)Verfolgung
‣ track (sb, sth) (down) *v*	‣ (jdn, etw) verfolgen, aufspüren
In the film, each student wears a bracelet that functions as some kind of **tracking device**.	Im Film tragen die Schüler Armbänder, die als eine Art Peilsender fungieren.

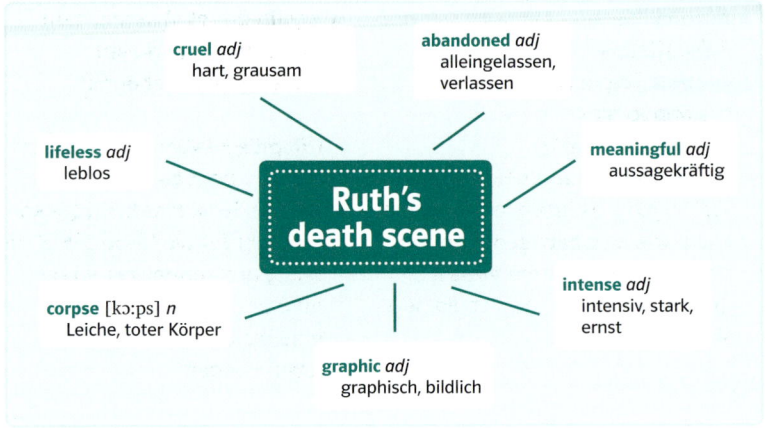

cruel *adj*
hart, grausam

abandoned *adj*
alleingelassen,
verlassen

lifeless *adj*
leblos

**Ruth's
death scene**

meaningful *adj*
aussagekräftig

corpse [kɔːps] *n*
Leiche, toter Körper

intense *adj*
intensiv, stark,
ernst

graphic *adj*
graphisch, bildlich

misunderstand *v*	missverstehen
‣ misunderstanding *n*	‣ Missverständnis
sexualise (sth) [ˈsekʃuəlaɪz] *v (to add sexual aspects to sth, to make sth sexually more exciting)*	(etw) sexualisieren
‣ sexualised *adj*	‣ sexualisiert
fancy (sb) *v, inform (BE)*	stehen auf (jdn), (jdn) attraktiv finden
= be into sb	

- -

overdramatise (sth) [ˈdræmətaɪz] *v, derog (make sth more dramatic)*	(etw) überdramatisieren
tragic *adj*	tragisch
tragic love story	tragische Liebesgeschichte
end in tragedy	in einer Tragödie enden
‣ tragedy *n* [ˈtrædʒədi]	‣ Tragödie
soulmate *n*	Seelenverwandte(r)
allusion [əˈluːʒən] *n*	Anspielung, Andeutung
make an allusion to sth	auf etw anspielen, eine Anspielung auf etw machen
‣ allude to sth *v*	‣ auf etw anspielen

associate (sb, sth with sth) | (etw, jdn mit etw) assoziieren,
[əˈsəʊʃieɪt] *v* | in Verbindung bringen

represent [ˌreprɪˈzent] *v* | repräsentieren, stehen für
= stand for sth
‣ representation *n* | ‣ Repräsentation, Darstellung

In the film, the song 'Never Let Me Go' by Judy Bridgewater represents more the love between Kathy and Tommy than, as is the message in the book, a world they would never live in.

Im Film steht das Lied ‚Never Let Me Go' von Judy Bridgewater mehr für die Liebe zwischen Kathy und Tommy als, wie es im Buch suggeriert wird, für eine Welt, in der sie niemals leben werden.